A VIDA EM REDE

RONALDO LEMOS
MASSIMO DI FELICE

A VIDA EM REDE

PAPIRUS 7 MARES

Capa	DPG Editora
Coordenação	Beatriz Marchesini
Transcrição	Nestor Tsu
Edição	Aurea Guedes de Tullio Vasconcelos e Beatriz Marchesini
Diagramação	DPG Editora
Revisão	Ana Carolina Freitas, Edimara Lisboa e Isabel Petronilha Costa

---

Dados Internacionais de Catalogação na Publicação (CIP)
(Câmara Brasileira do Livro, SP, Brasil)

Lemos, Ronaldo
A vida em rede/Ronaldo Lemos, Massimo Di Felice. – Campinas, SP: Papirus 7 Mares, 2014. – (Coleção Papirus Debates)

ISBN 978-85-61773-61-8

1. Comunicação digital 2. Conhecimento 3. Interação social 4. Internet (Rede de computador) 5. Redes sociais 6. Sistemas de comunicação interativa – Aspectos sociais 7. Tecnologia da informação I. Di Felice, Massimo. II. Título. III.Série.

14-05959   CDD-302.4

Índice para catálogo sistemático:
1. Redes: Internet: Comunicação digital: Sociologia   302.4

1ª Edição – 2014

Exceto no caso de citações, a grafia deste livro está atualizada segundo o Acordo Ortográfico da Língua Portuguesa adotado no Brasil a partir de 2009.	Proibida a reprodução total ou parcial da obra de acordo com a lei 9.610/98. Editora afiliada à Associação Brasileira dos Direitos Reprográficos (ABDR). DIREITOS RESERVADOS PARA A LÍNGUA PORTUGUESA: © M.R. Cornacchia Livraria e Editora Ltda. – Papirus 7 Mares R. Dr. Gabriel Penteado, 253 – CEP 13041-305 – Vila João Jorge Fone/fax: (19) 3272-4500 – Campinas – São Paulo – Brasil E-mail: editora@papirus.com.br – www.papirus.com.br

SUMÁRIO

Homo tecnologicus 7

Economia de mercado e redes informativas 23

A tecnologia e as novas formas de
comunicação e participação 35

Mercado e democracia nas redes 43

Tecnologias colaborativas, educação
e conhecimento 61

Valor, dinheiro e influência nas redes 83

Brasil, direitos e sensorialidade: O *futuroje* 97

Glossário 131

N.B. Na edição do texto foram incluídas notas explicativas no rodapé das páginas. Além disso, as palavras em **negrito** integram um **glossário** ao final do livro, com dados complementares sobre as pessoas citadas.

Homo tecnologicus

Ronaldo Lemos – Que tal se começássemos este diálogo falando sobre a questão das redes? Você poderia contar, Massimo, por que esse tema merece a nossa atenção?

Massimo Di Felice – Penso que o advento da comunicação digital é uma das mais importantes revoluções da nossa época. A criação de uma arquitetura informativa que não se limita a distribuir informação, mas que também é interativa, permitindo o dialogo fértil entre dispositivos de conexão, banco de dados, pessoas e tudo o que existe, é um marco na história da comunicação, porque, pela primeira vez, altera-se a forma de transmissão das informações.

Do teatro até a TV, temos, obviamente, tecnologias diferentes de distribuição de informação, mas todas baseadas em um modelo geométrico clássico, em que o processo de transmissão é sempre unidirecional: de um emissor para um receptor – seja no teatro, no cinema, nos jornais etc. Já no contexto de redes, não temos mais essa forma de disseminação de informação. Agora, são diversos atores que passam a produzir conteúdos, distribuí-los e, ao mesmo tempo, ter acesso a todos eles. Não me refiro apenas a conteúdo informativo, mas podemos falar propriamente de um ecossistema de construção de informações. Trata-se, portanto, de uma lógica muito mais imersiva – eu diria "habitativa" – de transmissão de informação.

Isso significa que toda a sociedade – em qualquer setor: governo, economia, universidade, sociedade civil etc. – está sendo profundamente alterada e transformada pelo advento dessa nova arquitetura de informação, que, ao modificar a geometria de suas dimensões interativas e torná-la plural e interativa, acaba, inevitavelmente, alterando sua forma e sua essência.

Lemos – Considero extremamente importante sua visão, Massimo. Acho que esse é o motivo principal que nos reuniu aqui para este debate. Afinal, na atualidade, a estrutura de redes afeta a política, a economia, a cultura, a educação, e todos os campos sociais. Ela afeta como nos organizamos, como vivemos. A internet e a tecnologia são elementos que catapultaram essa ideia de rede para o centro da esfera pública. Então, penso que estamos vivendo no Brasil, hoje, o início da percepção de que a internet não é apenas um recurso técnico, feito para engenheiros ou militares. E também não é só um recurso econômico, que serve para as pessoas fazerem suas compras de produtos *on-line*. Ela transcendeu a ideia de técnica e de economia e passou a ser algo que tem impacto na expectativa que as pessoas têm em relação a tudo que acontece: em relação ao governo, à universidade – a educação está se transformando em grande velocidade graças à rede –, em relação à ideia de desenvolvimento e sustentabilidade. Tudo isso se transforma por conta dessa nova configuração de rede.

Isso traz uma série de novos desafios. É equivocado supor que esse formato em rede vai resolver questões que herdamos de outros tempos. A tecnologia e a configuração em rede conseguem lidar com algumas questões, mas acarretam outras que são igualmente importantes e desafiadoras, como a questão da privacidade. Também considero equivocada a crença de que a novidade introduzida pela tecnologia atual represente uma panaceia universal, que resolveria velhos problemas sociais. Estamos em um momento em que tudo se acelerou e é nesse contexto que temos de pensar os problemas futuros. Uma coisa é certa: nada vai ser como antes. Vamos ter que pensar de outras formas e mesmo problemas antigos vão precisar de soluções novas, por causa do surgimento desse elemento que é o aprofundamento das redes no âmbito da sociedade.

Di Felice – Por isso, Ronaldo, considero oportuno relacionar esse fenômeno que estamos vivendo com as outras revoluções comunicativas na história. Tivemos a passagem da oralidade para a escrita no quarto ou quinto milênio a.c., que foi a primeira grande inovação tecnológico-comunicativa. Depois, houve a segunda grande inovação, que foi a da tipografia no século XV, com a invenção de **Gutenberg** de caracteres móveis. Adiante, a terceira grande inovação, que foi a da eletricidade com a mídia de massa (TV, cinema, imprensa etc.) e as várias revoluções da internet. A internet é a quarta inovação tecnológico-comunicativa, seguida pela banda larga, pela *web 2.0*, e atualmente já estamos caminhando para a *web* semântica... Assim, dentro dessa quarta revolução, já tivemos algumas grandes transformações. A internet de hoje não tem nada a ver com a dos anos 1990.

A cada uma dessas inovações tecnológico-comunicativas, temos uma ruptura. E a teoria da comunicação nem sempre dá conta de tal complexidade. Por exemplo, se pensarmos no que significou a introdução do alfabeto para a humanidade, faz todo sentido o que você, Ronaldo, acabou de dizer, entendemos que não se trata apenas uma nova forma de se comunicar. É muito mais do que isso. **McLuhan** fazia distinção entre o homem tribal que se comunicava apenas por meio da voz e o homem tipográfico. O homem tipográfico é aquele que se explica e conhece o mundo através da leitura, da tipografia. E, portanto, de certa maneira, cria uma forma de conhecer o mundo e uma razão, que é uma razão ocidental, formada pela escritura, pela sequência de linhas, capítulos, parágrafos. Logo, cria uma organização do pensamento e um tipo de inteligência. É aí que a eletricidade, no primeiro momento, e as redes, no segundo momento, vêm para proporcionar inovação. Mesmo McLuhan fala do contínuo diálogo entre a inovação produzida por uma nova mídia e as mídias anteriores. Nenhuma delas destrói as anteriores. Mas, apesar dessa complexa relação com o passado, é preciso reconhecer que as redes digitais introduzem uma forma de arquitetura informativa inovadora. **John Durham Peters** escreveu um livro, *Speaking into the air: A history of the idea of communication*, que descreve de maneira simplificada a distinção entre as arquiteturas informativas – e, justamente por isso, considero muito interessante, pois, afinal, muitas vezes, o processo de conhecimento é um processo de simplificação. Ele diz que há duas grandes formas de comunicação na história: uma é a disseminação das informações e a outra é o diálogo. Ele dá dois exemplos representados por duas personagens históricas que idealmente expressam dois modelo de interação: o primeiro é o de Cristo, que dissemina as informações, e o segundo é o de Sócrates, que dialoga.

Há uma ética socrática baseada na maiêutica que privilegia o diálogo como forma de construção do conhecimento. O conhecimento, como o estamos construindo agora, baseia-se no diálogo; não está, portanto, predeterminado, mas deve ser construído colaborativamente. A internet, decerto, está mais próxima da construção de conhecimento por meio do diálogo, como você acabou de dizer, só que o diálogo proposto pelas redes não ocorre apenas entre humanos. Nada será mais como antes. Os problemas já não serão resolvidos do mesmo modo. Não haverá uma autoridade que irá resolvê-los. O mesmo problema que herdamos do passado poderá ser enfrentado, hoje, de outra maneira, que é esta maneira em rede, colaborativa, coletiva, conectiva.

Afinal, existe hoje uma tecnologia que permite agregação imediata e instantânea de saberes distantes e separados. Esse processo de agregação é não apenas quantitativo, mas também coletivo, pois nos impõe um novo tipo de relação perante o problema que é, primeiro, mais complexo e, segundo, hermenêutico. Assim, devemos nos acostumar a enfrentar cada nova questão de maneira reticular. Isso significa desdobrar a sua complexidade de maneira não sistêmica e, sobretudo, desdobrá-la a partir da contribuição de diversos atores de várias áreas do conhecimento, que podem participar com seus conhecimentos e construir um diálogo em busca de uma solução. Esse é um traço constituinte da rede, isto é, não estamos mais na lógica da instrumentalização, da mídia, do uso... No Brasil, usa-se muito o termo "ferramenta". Mas, nesse caso, não se trata de uma ferramenta, e sim de um elemento formante. Ao dialogarmos na rede, ao habitarmos a rede, estamos adquirindo uma nova forma de organização das informações, de nos relacionarmos perante os problemas e também uma nova forma de diálogo com diversos atores e, sobretudo, um novo tipo de inteligência e de conhecimento.

Lemos – Acho ótimo você ter citado McLuhan, porque ele traz algumas visões que são fundamentais para se entender o que está acontecendo hoje.

Um primeiro ponto é que, nessa evolução das mídias e com a chegada da internet – especialmente, a internet como ela é hoje –, o texto está saindo da centralidade do ponto de vista de como organizamos a nossa comunicação e a transmissão de ideias e do conhecimento. Por muito tempo, até recentemente, o texto era o elemento central. A academia está organizada em torno do texto. As provas são escritas, textuais. Estuda-se para as aulas lendo textos. O jeito que articulamos nosso pensamento é por meio de um texto. Contudo, o texto começa a deixar de ter a importância que sempre teve. Estamos entrando numa era cada vez mais multimídia, especialmente em relação à importância das imagens, do som e do audiovisual. Assim, não é por acaso que o Instagram, por exemplo, que é um aplicativo essencialmente de compartilhamento de imagens, em que o texto tem um papel secundário, tenha sido vendido por US$ 1,5 bilhão. O próprio Facebook, que, em grande medida, ainda é muito estruturado no texto, também começa a perceber que é preciso diversificar sua base "midiática", porque as pessoas querem ler e escrever cada vez menos, preferindo se comunicar por meio de fotos, filmes ou outras formas de comunicação mais instantâneas que a textual.

Então, esse movimento em direção a outras formas de comunicação para além do texto vai ter um impacto muito grande na forma como nos relacionamos uns com os outros e como a mídia ocupa e coordena espaços da vida. Por isso considero McLuhan muito interessante, porque ele diz que sempre que há uma transformação nas mídias que nos envolvem, essa transformação leva a mudanças de vida. Vamos ter que nos adaptar a essas transformações. Ele usa uma metáfora bastante sombria, proveniente de um conto de **Edgar Allan Poe**, "Uma descida no Maelström", que compara a mídia a um redemoinho que nos envolve e vai nos levando e nos puxando para baixo. A única forma de escapar desse redemoinho seria reconhecer padrões, entender sua dinâmica, como ele opera, para, a partir dali, conseguir se agarrar em algum objeto que não seja puxado imediatamente para o fundo – só assim seria possível sobreviver. Baseado nesse conto de Poe, ele afirma que a única solução para lidar com essa questão das mudanças da mídia do ponto de vista humano é o aprendizado: olhar para ela e reconhecer padrões.

Nesse ponto, acho que McLuhan era um otimista com relação ao homem – razão, em grande parte, de minha admiração por ele. Eu o vejo como um grande humanista. Ele achava que nós, como seres humanos, teríamos sempre a capacidade de reconhecer esses padrões e dominar essas mudanças, ganhando autonomia com relação a elas. O problema é que a escala das mudanças e a quantidade de informação tornaram-se tão grandes, tão avassaladoras, que transcenderam em muito a escala humana. Ficamos pequenos demais. Então, o redemoinho, que antes era administrável, hoje, está fora de controle. Somos uma gota nesse redemoinho e é muito difícil para nós, como seres humanos, reconhecermos e darmos conta dos novos padrões que surgiram. Não sei se há uma solução para isso, mas ela seria quase paradoxal porque, para lidar com essa nova realidade digital, das máquinas, vamos precisar de outras máquinas que reconheçam esses padrões por nós. É como combater fogo com fogo. Penso que aí reside o paradoxo da ideia mcluhaniana. Trata-se de um desafio para as humanidades de modo geral. Será que a nossa dimensão humana foi realmente reduzida de modo irremediável nesse universo midiático ou será que ainda existe uma forma de estabelecermos um pacto ou uma maneira de criarmos novas ferramentas que restaurem essa dimensão humana? Creio que esse é um dos principais desafios que vivemos hoje. Certamente, o que está acontecendo é importante, traz novas soluções, mas a minha preocupação é onde ficamos como indivíduos diante desse redemoinho que se tornou cada vez mais intratável. Acho que essa é uma questão que vale a pena ser debatida.

Di Felice – Sem dúvida, muito interessante. De fato, concordo com você, é uma questão absolutamente central. Quando falamos de mídia digital, de redes, inevitavelmente volta ao nosso imaginário a relação entre o humano e a técnica. O Ocidente desenvolveu uma bagagem histórica conceitual que, provavelmente, como você observou, Ronaldo, não nos ajuda a entender a complexidade dessa relação. Porque, com poucas exceções, desde **Aristóteles** – e a distinção que ele apresenta entre *epistéme* e *téchne* – até a época moderna, com **Paul Virilio**, ou **Dominique Wolton**, entre outros teóricos críticos sobre a mídia, a episteme que o Ocidente nos oferece para pensar a relação com a técnica é um tipo de complexidade opositiva, dialética: o humano de um lado e a técnica do outro. Logo, essa relação seria hierárquica: o humano usa a técnica para suas finalidades. Ou, como vemos em boa parte do imaginário do cinema hollywoodiano hoje, a invasão – afinal, se existe uma relação dialética, dicotômica sujeito-objeto, as únicas relações possíveis são duas: ou o sujeito domina o objeto ou o objeto se revolta contra o sujeito e o domina. Daí todas aquelas ficções, com robôs, em filmes que repetem o mesmo refrão: as máquinas que se revoltam contra os homens e dominam o mundo.

Assim não avançamos muito. Contudo, há pensadores como **Heidegger** – que, em um texto como *Ensaio sobre a técnica,* pensa a técnica como um problema de fato hermenêutico, parte central de toda a sua interpretação da filosofia e sobre a relação entre o ser e o tempo. Segundo ele, a essência da técnica não é técnica, e a relação entre o humano e a tecnologia não pode ser pensada como uma relação opositiva. Heidegger vai além e chega a dizer que a essência do homem é técnica. Como podemos interpretar isso?

Existem obviamente diversas interpretações sobre a obra de Heidegger e há, na crítica, tendências até opostas, mas, na perspectiva da crítica que desassocia o pensamento do filósofo alemão do existencialismo francês, como a adotada por **Levinas** e **Vattimo**, descobrimos um caminho fértil para pensar a relação entre o humano e a técnica.

Uma interpretação possível é reconhecer que tudo o que o homem produz, ou melhor, toda a humanidade produzida pelo homem – não só hoje com o digital, mas desde sua origem – foi desenvolvida em diálogo com a técnica e com o meio ambiente. Dessa perspectiva, devemos hoje desenvolver – mediante a oportunidade oferecida pela reflexão da relação do humano com a tecnologia, e do humano com a mídia – uma crítica ao conceito de humanismo próprio da filosofia ocidental.

Aqui é necessário precisar o conceito de humanismo, porque a filosofia que nos formou veiculava um conceito originado de uma narrativa sobre o humano criada por uma parte do mundo, a Europa – proveniente, enfim, do pensamento clássico. Mas como é a ideia do humano para os ianomâmis ou para os japoneses? Como é a construção do humano para as outras populações? Temos aqui, ao lado de um problema epistemológico, um problema político também, ao aceitarmos que a ideia do homem europeu coincide com a ideia do homem do mundo inteiro.

Penso que, hoje, o Brasil é um lugar privilegiado para estudar as redes e seus desdobramentos, pois temos acesso a um conjunto de epistemologias, não apenas aquelas ocidentais.

Por exemplo, como demonstrado pelos estudos antropológicos, sobretudo do perspectivismo ameríndio de **Eduardo Viveiros de Castro**, a concepção da técnica dos ianomâmis, como a de boa parte das etnias indígenas brasileiras, não é dicotômica. Há tribos em que os objetos, como um machado, contam histórias. Em muitas dessas culturas os objetos se comunicam há muito tempo, estão vivos e não são apenas objetos...

Lemos – O iPad deles era muito melhor...

Di Felice – Pode parecer banalidade, mas, aí constatamos que nossa dificuldade de lidar com a complexidade da interação com a tecnologia, expressada pelo fato de mantermos com ela uma relação muito opositiva, provém de nossa forma ocidental-europeia de ver as coisas que, sem dúvida, está ligada a uma cultura humanista específica e histórica. Mas essa cultura não é a única possível. É necessário hoje repensar de maneira mais complexa essa relação. E o digital pode nos levar nessa direção e proporcionar a urgência de tal reflexão.

Cito ainda um outro autor: **Michel Puech**, filósofo francês, que escreveu o livro *Homo sapiens technologicus*, no qual ele diz que já somos uma outra espécie, não somos mais *Homo sapiens*, tendo em vista as diferenças entre a nossa espécie hoje e as anteriores. Porque tudo que o humano faz, desenvolve e produz, atualmente, ele o faz com a tecnologia.

Cabe ainda outra observação. Devemos pensar num tipo de complexidade de relação entre homem e tecnologia que nos revele que, provavelmente, sempre fomos *Homo sapiens technologicus*. Também o *Homo sapiens* seria *technologicus*, e provavelmente uma leitura superficial errada e dicotômica o entendesse apenas como *Homo sapiens*. Mas a sapiência no humano sempre foi ligada a essa interação fértil com o meio ambiente e com a tecnologia. Está aí a profundidade de um pensamento que não considere mais a técnica como algo externo ao humano.

Gostaria, enfim, de citar uma última das diversas definições possíveis do humano, numa visão não opositiva: a compreensão do humano que **Michel Maffesoli** propõe, ligando-a à sua etimologia latina: *humus*.

O húmus é a parte fértil do solo. É aquela camada que está acima das pedras, onde a semente cai e floresce. Humano e húmus têm a mesma etimologia. Assim, uma das possíveis características a ser atribuída ao humano é sua fertilidade, a qual necessita de uma semente, de um elemento invasor. Então, não há humano, ou sociedade, sem tecnologia, e vice-versa. Aqui, devemos pensar, portanto, na perspectiva do desenvolvimento do conhecimento, assim como na perspectiva da inovação e das modalidade de transformação, em uma sinergia com a tecnologia, numa relação simbiótica, e jamais opositiva nem hierárquica.

Você fez referência às profundas mudanças que a universidade está passando. Esse fenômeno é evidente na ciência, pois todas as formas de conhecimento que ela produz ocorrem por meio da interação com tecnologias de observação muito sofisticadas e altamente especializadas: como o mapeamento de DNA, ou o famoso caso, relatado por Heisenberg, de observação do elétron, princípio de indeterminação. Portanto, tudo que hoje conhecemos como ciência, nós o sabemos e conhecemos por meio da mediação de tecnologia de observação altamente tecnológica e complexa. Não são simples *instrumentos* de observação, mas muito mais, uma vez que alteram e produzem uma visão técnica sobre a natureza. O telescópio de **Galileu** é um exemplo claro disso. Depois de aprimorá-lo com lentes melhores e trabalhar longamente nele, foi o telescópio que revelou a Galileu outro tipo de universo, alterando não só a perspectiva dele, mas de todo aquele período histórico, e da humanidade inteira dali em diante. Isto é, a mudança do sistema ptolemaico para o sistema copernicano se torna possível por meio de uma tecnologia, ou melhor, por meio de uma interação complexa com a tecnologia.

É aí que se insere o digital hoje: trata-se de nossa passagem da percepção de um tipo de humano – que observa a natureza e a conhece e descobre... – para outro tipo de humano – conectado, que adquire sua fertilidade a partir dessa conexão com tecnologias e com sistemas informativos.

Aliás, só mais uma ressalva: há um problema no Ocidente no uso que fazemos da palavra *tecnologia*. O termo *técnica* descreve desde as ferramentas com que pratico uma atividade manual até o *tablet*. Ou seja, acabamos utilizando a mesma palavra para definir uma atividade mecânica e uma atividade cerebral. Temos de começar a desafiar esses conceitos. Tanto o conceito de humano quanto o conceito de técnica não são mais idôneos para entender o que somos e o que estamos nos tornando na nossa contemporaneidade.

Economia de mercado e redes informativas

Lemos – Bem, passando agora para uma outra questão, acho que já podemos dizer que estamos prestes a viver em um mundo em que a ideia de desconexão deixará de existir; um mundo em que não só nós, mas as coisas também estarão totalmente conectadas o tempo todo. Então, o que hoje, no jargão do Vale do Silício, é chamado de *internet das coisas* significa que já não existe nenhuma razão para que todos os objetos com os quais convivemos também não se conectem com a internet, desde as roupas que utilizamos, as cadeiras em que nos sentamos, até a geladeira da nossa casa, que, ao registrar que acabou determinado produto, pode fazer automaticamente um pedido ao supermercado para que aquele produto seja recomprado. Estamos chegando a um momento em que no mundo inteiro tudo vai virar internet, a ponto de a própria palavra *internet* deixar de fazer sentido. Hoje usamos essa palavra, mas existe uma possibilidade muito grande de que em breve ela seja obsoleta porque tudo será internet. O mundo estará coberto por telas em todos os lugares, e as telas vão ter uma entrada cada vez maior na nossa vida. Assim, a ideia de estar ou não conectado na internet, o conceito de conexão-desconexão deixará de fazer sentido. E aí é óbvio que isso traz problemas relacionados a questões como privacidade, a questões que envolvem outros direitos fundamentais, a questões que envolvem a determinação do papel do Estado nessa sociedade hiperconectada. Pode o Estado, então, se uma pessoa cometer um crime, mandar desligar a geladeira da casa dela? Pode o Estado impedir que sua televisão funcione? Porque, afinal, do ponto de vista técnico, será totalmente possível que uma rede que envolve basicamente todos os objetos e tudo mais possa ser administrada por alguns atores que têm acesso privilegiado a ela. Portanto, esse tipo de discussão será indispensável nessa situação de hiperconectividade. É algo que exige que comecemos a nos preparar para tal debate, porque são coisas que virão, e virão muito rapidamente.

Uma das preocupações que tenho – e retomando essa discussão sobre humanismo – é o que significa para nós, seres humanos, estarmos conectados o tempo todo; qual o impacto disso em nossa existência, em nosso bem-estar psíquico e assim por diante. Será que estaremos condenados a uma situação de ansiedade perpétua? Porque, uma vez que estamos ininterruptamente conectados, ficamos ansiosos ao saber que milhares de coisas estão acontecendo o tempo todo no mundo inteiro e, é natural, ainda que impossível, querer participar delas. Além da ansiedade, a hiperconectividade gera grande dificuldade de lidar com a enorme quantidade de informações, e penso que isso tem um impacto, sim, na nossa relação com o mundo daqui para a frente.

E aí eu gostaria de ressaltar dois pontos que considero importantes. O primeiro é essa necessidade de se entender a ausência de desconexão e, em seguida, lidar com ela. Um dos temas de que falamos é sobre a relação entre Ocidente e Oriente. Hoje vejo uma tendência de se discutir cada vez mais, por exemplo, o budismo no Vale do Silício. Inclusive, um dos livros mais curiosos lançados em 2013 foi escrito por um funcionário do Google, **Chade-Meng Tan**; chama-se *Procura dentro de ti*. Ele resolveu escrever esse livro baseando-se no budismo; eliminou a parte religiosa, mas trouxe a parte de ascetismo, da busca de uma relação mais neutra com o mundo, mais distanciada, tendo controle sobre os próprios pensamentos, sobre a ansiedade e os desejos. Ele apresenta tais ideias como uma filosofia (se é que se pode chamar isso de filosofia) dentro de uma das maiores empresas do Vale do Silício. Depois, suas ideias obviamente extrapolaram o espaço do Google, tornando-se um dos livros mais vendidos em 2013, como um material de autoajuda para lidar com o mundo conectado.

Penso que essa ideia de que não vai haver mais desconexão abre espaço para outras formas de reflexão que o Ocidente falhou em desenvolver. Não é por acaso que o Oriente emergiu de forma tão proeminente como fabricante de tecnologia. China, Coreia, Taiwan surgem como forças que dominam e fabricam grande parte dessa conectividade do mundo. Acredito que estamos nos aproximando do momento em que vamos precisar refletir, inclusive nos valendo tanto dos recursos do Ocidente quanto do Oriente, sobre como vamos caminhar nesse mundo em que não há mais a ideia de desconexão e o impacto que isso gera para nós como indivíduos. Acho que esse é um ponto fundamental.

O segundo ponto para o qual eu queria chamar atenção é como o nosso consumo de mídia vai mudar. Porque outro aspecto dessa dimensão do mundo que já não se desconecta é, por exemplo, indicado pelos óculos do Google, que vão fazer com que, no campo visual do usuário, esteja o tempo inteiro uma tela que lhe permite estar conectado à mídia. É cedo para saber se esses óculos vão dar certo ou não, mas, a ideia por trás deles veio para ficar. A integração da mídia no nosso campo de visão e de ação é uma ideia irrefreável, que não pode ser desconsiderada. Creio que toda essa noção das tecnologias *vestíveis* não irá nos deixar mais. O interessante dos óculos é que eles mantêm a tela o tempo inteiro em nosso campo visual, não temos mais como fugir dela ou olhar para o outro lado. Com isso, ficamos o tempo inteiro conectados com a informação que está no nosso campo visual.

Isso produz um impacto cultural profundo pois, pela primeira vez na história, haverá uma ruptura na divisão entre consumir mídia e agir, receber mensagens e partir para a ação. Um exemplo que posso citar aqui é a angústia que cineastas revolucionários como **Eisenstein** tinham ao pensar em como seria feita a revolução propagada pelos filmes que eles dirigiam. Os filmes, apesar de revolucionários, precisavam ser assistidos com as pessoas estando sentadas confortavelmente em poltronas dentro do cinema. Havia essa distinção entre assistir ao filme e agir. O intuito era provocar a ação, mas era impossível participar dela enquanto o espectador consumia o filme; a ação só podia ocorrer em um momento distinto. Tal impasse deixa de existir com a integração das mídias no olhar, porque é possível ao usuário coordenar a ação por meio da mídia e agir ao mesmo tempo, inclusive porque ele fica com as mãos livres e pode andar pelas ruas enquanto recebe imagens midiáticas em seu campo visual.

Já temos uma amostra disso hoje com o impacto dos *smartphones* para a organização de manifestações no mundo inteiro, inclusive aqui no Brasil. Muitas manifestações são hoje mediadas por celulares, computadores e redes sociais, utilizados pelas pessoas para coordenar a ação e partir para um campo de atuação mais específico. Quando deixar de existir essa diferenciação temporal entre o consumo da mídia e a ação, acredito que isso será elevado a um patamar completamente novo e ainda muito mais complexo, porque com o *smartphone*, bem ou mal, ainda temos a opção de deixá-lo de lado. Mas, à medida que a tecnologia se incorporar aos nossos sentidos de formas mais permanente, a distinção entre consumir mídia, participar dela e agir deixa de ter significado. Então, nesse aspecto, penso que estamos vivendo um momento que abre uma série de questões, de possibilidades que vão mudar muito a maneira como nós, seres sociais, coordenamos a nossa ação uns com os outros. Acho que essa nova era de hiperconexão vai fazer com que tenhamos novas formas de organização social e, consequentemente, mais uma vez, impactos na política, na tomada de decisões, na ocupação das cidades, na educação e assim por diante. Logo, acredito que quanto antes começarmos a pensar sobre isso, mais preparados estaremos para os desafios e as oportunidades de tal realidade.

Só mais um comentário: hoje morre mais gente nos Estados Unidos por mandar mensagens de texto no celular e dirigir do que por beber e dirigir. Isso é muito sintomático. Acho que esse ponto é importante, porque o que está acontecendo é que as demandas pela nossa atenção não param de crescer, e vão continuar crescendo cada vez mais. No entanto, nossa capacidade de lidar com tudo isso vai continuar sendo meramente humana. Como vamos poder tratar disso? Acho que as mudanças nas interfaces são um componente importante, são elas que vão tentar tornar o volume de informações mais amigável à dimensão humana. Mas provavelmente essas mudanças serão realizadas a um grande custo, porque as decisões sobre o que consumir ou não serão tomadas não pela própria pessoa, mas por algoritmos; decisões pré-programadas nos códigos vão decidir o que é relevante, ou não, para cada um. Recortes de como conhecemos o mundo sobre os quais não temos controle.

Além disso, há ainda interesses econômicos gigantescos por trás da forma como se programam esses algoritmos. Vemos isso hoje no Facebook. Acho ingênuo acreditar que aquilo que se vê nas redes sociais representa a opinião pública, pois não representa. O que se vê no *feed* de notícias do Facebook é predefinido por um algoritmo cuja principal finalidade é maximizar os lucros da empresa. Então, aquele algoritmo é programado para entregar o conteúdo que é mais valioso para determinado usuário, que seja capaz de atrair sua atenção por mais tempo. E, geralmente, o conteúdo mais valioso para alguém é aquele que fala dele mesmo. Não há nada mais valioso para uma pessoa do que ela mesma. Assim, o Facebook é programado para ser um parque de espelhos sobre quem somos. É como se ligássemos a televisão e só passassem programas sobre o nosso universo psíquico e coisas que são do nosso interesse pessoal.

 Penso que essa particularidade de um mundo feito por algoritmos, em que decisões tomadas previamente guiam nosso caminho nesse oceano, nessa selva de informações, é algo com o qual precisamos ter muito cuidado. Sobretudo porque, ao substituirmos uma suposta esfera pública compartilhada, anárquica, descentralizada, caótica, diversa e plural por uma esfera pública filtrada por algoritmos – que obedecem a uma ordem muito específica a respeito do que vão nos apresentar –, substituímos a cidade pelo condomínio fechado. E é isso que está acontecendo. O Facebook não é a praça da cidade, ele é a praça do *shopping*; ele não é a cidade caótica, aberta, livre, desorganizada, mas o condomínio fechado onde existe uma inteligência central ou várias inteligências centrais que, no final das contas, decidem o que circula e o que não circula. A minha preocupação hoje é como combater e reverter essa tendência de transformação da cidade em condomínio fechado que estamos presenciando na internet.

Di Felice – Eu não vejo dessa maneira. Acho que há uma necessidade de complexidade também para pensar a relação estrita entre a economia de mercado e a informação. Primeiro, obviamente, a economia de mercado é algo que existe desde que existe o mercado, portanto, desde que existe o homem. As civilizações ocidentais, como as do mar Mediterrâneo, a grega, a romana, não existiriam sem o mercado. Há obviamente vários tipos de mercado e há obviamente mercados melhores, mais livres ou menos livres, mais concentrados ou menos concentrados. Também temos uma estrita relação entre a ascensão do tipo de sociedade mais de mercado, mais livre, e o incremento das informações. Por exemplo, a Revolução Francesa: a ascensão da sociedade burguesa coincide com a divulgação dos panfletos, da imprensa, da enciclopédia. Depois, a Revolução Industrial com a difusão do cinema, da TV, dos jornais etc. Hoje a ascensão da sociedade de consumo coincide com a difusão da internet. Isto é, tudo o que temos hoje em termos de tecnologias e de acesso a esse conjunto de interfaces, dispositivos etc. nos vem pelo mercado. Então, não podemos desconsiderar a função do mercado, da sua capacidade de desenvolver tecnologia que melhora nossa forma de comunicação, pois sem o mercado não teremos a internet. Por exemplo, não vejo nenhum problema no fato de existirem *blogs* patrocinados. Também a mídia anterior funciona da mesma maneira: nenhum jornal é totalmente livre. Todos nós sabemos disso: não existe jornal independente. E a democracia funcionou exatamente porque havia jornais financiados por facções políticas, ideológicas e de interesses diferentes que conflitavam na disputa do mercado das ideias. Nesse sentido, a internet reproduz o mesmo modelo. Qual é uma grande diferença? Hoje me parece que essa estrita relação não somente é aceita e tranquila, mas também é explicitada. Sabemos o que existe por trás de Facebook ou do Google; por isso, quando fazemos parte de uma rede, de um grupo de discussão no Facebook, o fazemos porque achamos que tudo isso vale a pena e assim será enquanto pensarmos dessa maneira. O dia em que o Facebook começar a colocar muita publicidade, começar a poluir demais, a vender dados para o governo americano ou coisa parecida, então, do mesmo modo como saímos do Orkut e passamos para o Facebook, sairemos dele e passaremos para outras formas mais interessantes e confiáveis. Esse é outro elemento positivo do mercado: a possibilidade intrínseca da lógica de mercado que oferece opções. Obviamente, suas opções estão ligadas à sua capacidade de conhecimento. Nesse sentido, concordo plenamente com a afirmação de que o Facebook não representa a opinião pública. Mas a opinião pública não é representável.

Não existe uma maneira de representá-la fielmente. Qualquer tipo de estatística possui variáveis. Mesmo a estatística mais quantitativa, que se apresenta com amostragens mais complexas, dados cruzados etc., é produzida com conceitos qualitativos que nada têm de matemáticos. Qual é a grande diferença entre a opinião pública das redes e a opinião pública das mídias de massa anteriores? É que a opinião pública das mídias de massa anteriores era a opinião *publicada*. Era a opinião criada por um líder de opiniões, por políticos, por jornais e jornalistas que escreviam – aqueles que a estipulavam. O mesmo acontecia no território da televisão, que dizia: "Isto é opinião pública, o Brasil está dizendo isso". Hoje temos no Facebook, e em todas as redes sociais, a possibilidade de que os mesmos atores que não representam a opinião pública, e que provavelmente em muitos casos até são conscientes disso, postem a sua opinião que vai conflitar com as outras opiniões, inclusive com a opinião publicada, criando um campo demoscópico muito mais complexo e, portanto, tendencialmente, mais democrático.

A esfera pública contemporânea é muito mais complexa do que aquela de 15 ou 20 anos atrás. Hoje se fala no Brasil de questões indígenas – há 20 anos ninguém falava disso –, de um grande extermínio desses povos, de Belo Monte, da corrupção da classe política e do mal uso do dinheiro público, entre outros temas. São casos que estão em pauta também pelo fato de que essas populações estão acessando a internet, estão produzindo seu ponto de vista diretamente e sobretudo no Facebook. Não é mais uma ONG que vai até a aldeia indígena e divulga aquela realidade, ou o antropólogo que está envolvido com esses povos e conhece seus problemas. São os protagonistas eles mesmos agindo, apresentando vários projetos e criando sua própria estratégia por meio da tecnologia e da conectividade...

Lemos – E fica clara a ausência de intermediação.

Di Felice – Pois é, não há intermediação. Isso vale para todos os movimentos e todas as esferas do social, como no caso do *hip-hop*, dos *rappers*, originários da periferia das grandes metrópoles brasileiras, nas quais os jovens produzem diretamente suas narrativas, sua própria visão de mundo sobre a violência e sobre a metrópole por meio dos textos das músicas de *rap* que eles gravam e divulgam digitalmente. Visitei diversos estúdios localizados em porões ou nas próprias casas, nas periferias de São Paulo onde é realizada a gravação caseira com computadores, no formato digital, divulgada depois para várias partes do mundo. Esse fenômeno, que foi mundial, é evidência da entrada na esfera pública de atores que não tinham voz, que eram representados por outros, quando deles se falava, isto é, pelos mediadores; hoje, porém, eles mesmos tomaram a palavra. Esse é um elemento muito importante. Hoje estamos num sistema muito centrado no Facebook, mas isso não é definitivo.

Participei de um congresso na Tunísia em que uma mulher egípcia, representante de um movimento sobre ativismo nos países árabes, do Magreb, contou que em seu país as mulheres eram proibidas de fazer política, não podiam nem mesmo falar do assunto. Começaram, então, a fazer política no Facebook.

Assistindo a outra conferência em Istambul, uma garota, que havia sido muito hostilizada por um professor islâmico radical, apresentou um trabalho da Universidade Islâmica de Istambul sobre comunidades no Facebook que eram solidárias a jovens mães solteiras e a *gays*, grupos que, no contexto islâmico, são extremamente hostilizados. Esses grupos de solidariedade, que, em alguns casos, contribuíram também a integração de pessoas na universidade, nasceram no Facebook. Assim, é necessário perceber a estrita relação entre o mercado, a lógica de mercado que criou o Facebook, as redes sociais e sua utilidade social. No mercado há sempre uma utilidade social do produto, de outra maneira ele não é vendido. Cada inovação recebe sempre o julgamento social, pode ser aceita ou rejeitada na lógica do mercado. E, da perspectiva da comunicação, isso é extremamente importante. Sem o mercado, sem seu poder de inovação e de disseminação, não teríamos a internet, nem a divulgação em massa dos dispositivos de conectividade. Esse poder inclusivo do mercado é algo importante nas transformações sociais em geral, mais ainda na inovação tecnológica. Se o objeto livro não tivesse se tornado uma mercadoria, não teríamos tido a difusão da leitura na Europa, nem, provavelmente, a difusão dos ideais iluministas. Assim, hoje, sem o mercado não teríamos tamanha difusão de conectividade e de redes.

A tecnologia e as novas formas de comunicação e participação

Di Felice – Agora, gostaria de voltar a uma questão que me parece central. Você tocou num ponto que considero muito relevante para o Brasil, Ronaldo, que é a questão das formas de aquisição e transmissão do conhecimento. A internet e as redes produzem uma forma de distribuição de informações complexa, que não pode ser apresentada como um repasse de informação do centro para a periferia; mas, ao contrário, mais como a forma distribuída pensada por **Paul Baran**. Trata-se de um esquema por meio do qual é possível acessar todas as informações de qualquer ponto da rede e, portanto, a totalidade das informações é acessível a todos, independentemente de onde é acessada a rede. De certa maneira, essa forma distribuída torna tecnologicamente inviável a permanência de pontos de vista centrais – o que **Lyotard** chamava de metanarrativa, ou seja, visões de mundo que se espalham a partir do centro, buscando explicar a totalidade. A complexidade reticular cria um tipo de situação muito mais hermenêutica, na qual sempre cabe outro ponto de vista, sempre é possível acessar outro *link* e acrescentar mais uma informação. É, portanto, um tipo de hipercomplexidade que não pode ser descrita como única ou centralizada.

Bom, a transposição dessa arquitetura informativa tecnológica numa perspectiva geopolítica inviabiliza, de certo modo, a centralidade do Ocidente. O Ocidente foi historicamente o lugar de grandes momentos da história, de grandes avanços, mas me parece que hoje nós temos e devemos aproveitar a oportunidade de ler e interpretar o mundo de uma perspectiva também extraocidental.

Volto aqui à questão do Brasil. O Brasil é um país extremamente interessante e, eu diria, privilegiado. Isso porque, além de ser, naturalmente, um representante da cultura ocidental – não só pela presença da cultura europeia em seu território, mas também pela sua história, iniciando-se com a colonização portuguesa etc. –, ao mesmo tempo, o Brasil possui, no seu interior, outros grupos étnicos que têm uma epistemologia, uma visão de mundo que não é ocidental: as diversas etnias indígenas, os grupos africanos, as diferentes misturas dos povos afro-brasileiros, das comunidades ribeirinhas... Enfim, as várias formas de diversidade cultural conferem ao país, a meu ver, o seu caráter específico. É provável que o Brasil, além de sua imensa biodiversidade, seja um dos países com maior diversidade cultural do mundo. Num contexto de rede, essa é a maior riqueza do Brasil, e não seu petróleo ou suas matérias-primas. A verdadeira riqueza do Brasil está nessa diversidade cultural que, num contexto de rede, significa diversidade epistêmica, riqueza epistêmica.

O Ocidente construiu sua representação de natureza como algo separado do homem, como se o homem não fosse parte dela. O antropocentrismo criou esse mito que coloca o homem de um lado e o ambiente em volta; foi isso que causou todo o problema que temos em relação ao meio ambiente, à sua destruição, à depredação das matérias-primas etc. Afinal, ao se considerar como não integrante do ambiente, o homem acaba utilizando-o de acordo com suas necessidades; por exemplo, quando lança mão das matérias-primas para produzir a energia de que precisa para se desenvolver mais. Essa representação, que é uma invenção do Ocidente, nos parece hoje claramente equivocada. Percebemos já há tempo que na biosfera e no nosso planeta não existe o externo. E numa concepção reticular, numa concepção ecossistêmica, tudo o que fazemos no ambiente nos é devolvido em termos de qualidade do ar, dos alimentos etc. Ora, esse tipo de conhecimento se assemelha à percepção xamânica. A descrição que Viveiros de Castro faz da perspectiva ameríndia, do xamanismo é muito próxima à percepção da complexidade reticular... A cultura da comunicação que existe no Brasil nessas populações é reticular há muito tempo e mais complexa do que aquela baseada na disseminação ou no diálogo, como diz J.D. Peters, ou na semiótica etc. A cultura dos povos nativos do Brasil expressa já uma cultura comunicativa ecossistêmica e reticular, que marcou a história do Brasil. Penso que o Brasil tem na sua essência uma cultura reticular, na qual os elementos se combinam e se ressignificam continuamente de maneira emergente. Por exemplo, o tecnobrega e todas as formas de cultura popular, tecnopopular, que são continuamente criadas no Brasil – essa é sua essência mutante, uma essência em devir capaz de ressignificar continuamente, pois é expressão de uma comunicação reticular e híbrida.

No contexto atual de crise no Ocidente seja política, econômica, seja na relação com o ambiente, é fundamental refletir sobre as redes. Discutir as redes significa também questionar e superar a concepção ocidental do mundo. Claro, não significa destruir a visão ocidental, sua cultura, na qual também existem muitas coisas boas. Mas, do ponto de vista do Brasil, do Japão, da Índia, por exemplo, é possível hoje pensar em outras formas de construção de significado, de solução de problemáticas que não sejam ancoradas na epistemologia ocidental nem limitadas à lógica da política e da economia ocidental.

Uma das grandes questões que podemos abordar: a necessidade de superação da democracia representativa, da democracia opinativa. Hoje, num contexto tecnológico como o contemporâneo, devemos (e temos a possibilidade de) repensar, melhorar, desafiar o funcionamento das instituições. Acho que a grande questão dos movimentos net-ativistas mundiais é exatamente essa. Não é por acaso que todos os movimentos recentes são apartidários; não somente no Brasil, mas em todos os países em que aconteceram. Também não é por acaso que esses movimentos, que diferem dos movimentos de protestos políticos do passado, colocam em xeque a questão da democracia interna, antes de externa – isto é, a questão de como tomamos decisões. Trata-se de movimentos anônimos, que recusam a hierarquização, apresentando, já em sua organização, um novo modelo de democracia, no qual não existe um poder central, uma liderança. Não há mais neles uma ideologia que vai orientar, simplificar e explicar o mundo. A questão central que se coloca é: "Como podemos colaborar para resolver o problema?".

Lemos – Concordo com o que você falou, Massimo, e vejo que temos vários pontos de convergência. Penso que a esfera pública brasileira está muito melhor agora do que 20 anos atrás; não é perfeita, mas está muito mais rica. Ainda temos muitos problemas na esfera pública, provavelmente sempre teremos. Por isso mesmo acho fundamental esse pensamento de como refazer a democracia e qual o desafio que temos agora de transformar a democracia para atender às novas expectativas que surgiram justamente do fato de as pessoas estarem conectadas, dessa ideia de centro-periferia ter sido chacoalhada de modo muito significativo. Acho que pensar sobre isso agora é fundamental. E são particularmente interessantes as primeiras propostas que vêm sendo testadas e implementadas para enriquecer esse processo democrático.

Uma delas, de que gosto bastante, é a ideia do chamado *minipúblico*, em que, para se tomarem decisões sobre um determinado território, seleciona-se um grupo de pessoas aleatoriamente, para que elas debatam um determinado assunto e tomem uma decisão. Esse modelo do minipúblico, ainda mais com o auxílio da tecnologia, parece bastante promissor, com a possibilidade de que seja ampliado para outras esferas de representatividade. Ele nada mais é do que uma metodologia de consulta popular para tomada de decisão. É um modelo que está em consonância, por exemplo, com as chamadas pesquisas deliberativas, que se baseiam no mesmo princípio: faz-se uma pesquisa com validade estatística, com os controles necessários, e toma-se uma decisão a respeito de determinado assunto a partir dela. O minipúblico funciona especialmente em territórios específicos. Ele tem uma forte possibilidade de conexão com a ideia de orçamento participativo, em que se compartilha a decisão de como serão empregados os recursos disponíveis – sempre escassos – com a própria população que vai ser beneficiária deles. A título de exemplo, vale lembrar um caso ocorrido na Rocinha, em que o orçamento público ia ser utilizado para a construção de um teleférico, em decisão tomada diretamente pela prefeitura. A pergunta que se colocou foi: a população realmente quer um teleférico? Aparentemente não, porque 20 mil pessoas marcharam nas ruas contra o teleférico, pedindo investimento em saúde em vez de gastos com aquilo. Ao se utilizarem modelos desse tipo, que são facilitados pela tecnologia, pode-se consultar diretamente a população para apurar quais são suas prioridades e como atendê-las.

Penso que a esfera pública, enriquecida pelas redes sociais, poderia evitar distorções por meio de mecanismos de consultas públicas, mais ricas do ponto de vista de representatividade. O desafio que se conecta à ideia de melhorar e aprimorar a democracia representativa é levar esse tipo de metodologia que já está disponível, que é viável, para enriquecer a esfera pública de forma equitativa e ponderada. E isso é diferente dos algoritmos do Facebook. A preocupação aqui é com resultados que sejam obtidos por meio da participação de grupos sociais diversos, que, por sua vez, expressem sua opinião de maneira mais equilibrada em termos de representatividade do que aquela que encontramos nas redes sociais, por exemplo. Sou um grande entusiasta tanto do minipúblico quanto de pesquisas deliberativas.

Um livro que considero brilhante, intitulado *A diferença*, de **Scott Page**, traz um argumento muito persuasivo que diz o seguinte: a diversidade vence a especialidade. Se for necessário tomar uma decisão sobre determinado tema, ela tende a ser melhor se for tomada por um grupo diverso, mesmo se selecionado aleatoriamente, do que por um grupo homogêneo de especialistas. O livro oferece vários exemplos de como a diversidade vence a especialidade. Essa é uma hipótese que podemos formular até intuitivamente, se prestarmos atenção ao que está acontecendo no mundo. O livro demonstra que os conceitos que são parte da ideia do minipúblico e das pesquisas deliberativas podem levar a decisões melhores.

Esse tipo de esforço tem muito a ver com aquilo que você, Massimo, falou ao se referir à ruptura entre centro e periferias – que, aliás, é um tema fundamental para se compreender o que está acontecendo no mundo e, em particular, no Brasil.

Mercado e democracia nas redes

Lemos – Permita-me citar agora uma extensa pesquisa que realizei sobre a cena musical do tecnobrega, entre 2005 e 2006, que serve para ilustrar o que estamos discutindo. Era curioso porque, na época, de modo geral, as pessoas nem sabiam o que era tecnobrega. Eu precisava explicar tanto o que era o tecnobrega quanto o contexto social cultural de Belém quando falava sobre isso. Penso que, ao estudar esse tipo de fenômeno cultural, no caso, musical, faz sentido relembrar as palavras de **Jacques Attali**, quando ele diz que o som é profético, o som é o que vem primeiro. Olhando para o que acontece com a música, é possível observar tendências sociais relevantes, que ainda terão desdobramentos no futuro. Foi assim com o surgimento do Napster em 1998. A indústria musical foi a primeira a ser transformada para sempre pela tecnologia e isso não é uma coincidência. O mesmo aconteceu quando estudei o tecnobrega em 2005 e 2006. Já era possível vislumbrar ali, com clareza, transformações sociais que ficariam evidentes nos anos seguintes. Por exemplo, a reorganização de conceitos como centro e periferia. Ali também já era possível enxergar a alardeada emergência da classe C, que até hoje dá o que falar e o que pensar. Já era possível também vislumbrar as nuances da inclusão digital das camadas mais pobres da população, que primeiro se tornaram visíveis no Orkut e, depois, por meio das *lan houses*, que se converteram em um aspecto importantíssimo da inclusão digital no Brasil nos anos 2000. Só para se ter uma ideia, em 2009, chegou-se a atingir mais de 100 mil *lan houses* espalhadas pelo Brasil – isso num país que tem pouco mais de 2.300 salas de cinema, cerca de cinco mil bibliotecas públicas e de duas mil livrarias. Essas *lan houses* tornaram justamente o lugar onde as pessoas tinham acesso a informação: livros, filmes, músicas, *games* e assim por diante. Claro que as *lan houses* agora estão em declínio, e são substituídas por celulares conectados à internet e por *tablets*, que chegaram também às favelas. Tanto os celulares quanto os *tablets* que chegam à base da pirâmide social não são de marcas como Apple ou Samsung. São aparelhos de baixíssimo custo feitos na China. Muitos celulares custam menos de R$ 100,00, valor que pode ser dividido em 15 prestações de R$ 7,00 ou R$ 8,00. Eles aceitam até quatro *chips* simultaneamente, o que permite que, no momento de fazer uma ligação, o usuário escolha a operadora que está cobrando mais barato. Inovações como essa foram feitas pensando justamente no consumo da tecnologia na base da pirâmide social.

 Acredito que essa tecnologia feita para a base da pirâmide, que a China começou a desenvolver de forma acidental e até caótica, é hoje fonte de algumas das inovações mais importantes na fabricação de objetos de consumo tecnológicos. Esses celulares estão sendo feitos não para atender as necessidades de quem é de classe média ou média alta, mas sim as necessidades de quem vive em situação econômica precária. São aparelhos que possuem quatro *chips*, sintonizam rádio FM e AM, têm conexão por *bluetooth* para o usuário trocar arquivos com outras pessoas diretamente, alguns vêm também com *boombox* embutido – que é aquela caixa de som muito alta, que permite ouvir música coletivamente e não só com fone de ouvido; alguns têm painel solar para que o aparelho possa ser recarregado onde falta energia elétrica. Esses novos produtos estão na fronteira de uma onda de inovação que tem a ver com a população situada na base da pirâmide social. São produtos que prenunciam novas ondas tecnológicas e, por conta disso, novas ondas culturais, políticas e econômicas também estão a caminho.

É muito interessante perceber que cenas culturais periféricas como o tecnobrega, o lambadão cuiabano, a tchê music, a pisadinha, o *funk* ostentação em São Paulo, entre vários outros tipos, são hoje as músicas mais populares ouvidas no país. Aliás, as músicas mais populares do Brasil hoje não circulam no rádio ou na televisão como costumamos pensar. Elas circulam no YouTube, nas redes sociais e nos celulares e *tablets* que as pessoas carregam. Esses celulares e *tablets* são parte da infraestrutura da informação no país, e isso produz um efeito descentralizador na forma como a cultura é criada e circulada. Então, essa novidade prenuncia não só mudanças culturais, mas também mudanças políticas, mudanças no balanço informacional, as quais são muito mais complexas do que supomos. Por isso que gosto muito da ideia, citada antes, apresentada pelo Attali, que tem como consequência a seguinte formulação: "Preste atenção nesses aspectos culturais porque eles são ponta de lança de transformações profundas".

E é fato. Quando se procura por uma banda como Desejo de Menina, por exemplo, da qual muita gente de classe média nunca ouviu falar, fica-se espantado ao descobrir, no YouTube, que ela tem sete ou oito milhões de visualizações. É muito mais do que a classe média ou a classe média alta têm como percepção da medida do que é "sucesso". Às vezes, artistas que consideramos bem-sucedidos ficam muito aquém quando comparados com esses artistas que são superpopulares. Aliás, adoro o termo *superpopular*, que foi cunhado por **Luiz Caldas** para se referir justamente à música e à cultura que circulam fora das mídias tradicionais, mas que nem por isso deixam de ser populares; muito pelo contrário, são ainda mais populares do que boa parte da cultura que circula primordialmente pela mídia tradicional.

Então, essa cultura superpopular que está trafegando nas redes descentralizadas é a cultura mais popular do Brasil hoje. É de onde emergiram *hits* como os de Michel Teló e de Gusttavo Lima – que depois, obviamente, chegaram também às classes média e média alta, mas eles já eram conhecidos muito antes de ganharem o rádio e a televisão. Esse é apenas um dos componentes importantes da quebra dessa dualidade entre centro e periferia. O poder hoje se distribui cada vez mais para as pontas. Gosto muito desta frase de **Hermano Vianna**: "O centro está se tornando a periferia da periferia". Pois existe todo um fenômeno cultural acontecendo e o centro é o único lugar que não participa dele. Isso ficou claro, por exemplo, nas manifestações de 2013 no Brasil, quando vimos que a mudança de eixo se estende também ao âmbito da política. Todas as plataformas que foram às ruas no país em 2013 já estavam nas redes sociais, já estavam presentes na internet, já estavam *on-line*. A única questão é que, até então, elas eram completamente ignoradas, como se essa nova esfera pública digital não fosse suficientemente "séria" para merecer atenção. Pouca gente considerava importantes as demandas que já se materializavam na internet, até o momento em que as pessoas saíram efetivamente pelas ruas. O interessante é que, quando se via uma grande passeata como a que aconteceu na avenida Presidente Vargas no Rio de Janeiro, ela literalmente parecia o *feed* do Facebook. Parecia que a própria avenida havia virado o *feed* do Facebook. Você ficava parado no meio do canteiro da avenida e vinha passando grupos com "assuntos" diferentes: o pessoal protestando por direitos inerentes à diversidade sexual, depois o pessoal a favor da reforma política, em seguida o pessoal contra a corrupção e assim por diante. Era mesmo como se o *feed* do Facebook estivesse passando ali na sua frente; e não por acaso víamos a mensagem dos cartazes: "Saímos do Facebook". Porque eram demandas que já estavam presentes nas redes – aliás, há bastante tempo –, mas que vinham sendo consistentemente ignoradas.

Então, voltando ao tema da democracia, o que precisamos agora que já temos as ferramentas de comunicação descentralizadas é justamente aproveitar a oportunidade para reformar o sistema político. As pessoas já têm a percepção de que nosso sistema político está descolado da possibilidade efetiva de participação da população, mas elas querem ser ouvidas, querem participar e o sistema político não dá oportunidade para que isso aconteça de forma permanente. É fundamental intervir a fim de alterar tal situação, usando as ferramentas que já conhecemos e temos à nossa disposição.

Se, no início deste bate-papo, eu me mostrei pessimista em relação aos problemas que vemos hoje na internet, às distorções que o Facebook apresenta, esse pessimismo é justamente o reverso da preocupação que tenho de, a partir do lugar e do momento em que estamos, descobrir como podemos construir e aprofundar essas possibilidades. A democracia para funcionar dá um trabalho enorme. É preciso usar a internet e as mídias sociais para facilitar, ampliar e compartilhar esse trabalho. É o mesmo tipo de dilema de quando as grandes cidades modernas surgiram e se consolidaram no começo do século XX. Na época, às vezes havia muito mais de um milhão de pessoas convivendo nos novos centros urbanos, e a questão era: "Como controlar essa multidão?". As grandes cidades enfrentavam questões como linchamentos, segregação e outras de uma multidão descontrolada, e, ao longo do século XX, foram-se criando diversas formas de canalizar o potencial de tanta gente vivendo junta. Foi aí que se consolidou a democracia representativa, o sufrágio universal e outras instituições, justamente para dar conta dessa nova complexidade surgida com a urbanização.

Penso que estamos numa situação muito similar, agora do ponto de vista virtual. Vivemos essa nova *polis* virtual da qual somos cidadãos e, apesar do problema da inclusão digital, a tendência é que, mais cedo ou mais tarde, cada vez mais gente vá se assimilando à *polis* virtual. Só que ela tem problemas similares aos surgidos com a grande cidade do início do século passado.

Por exemplo, uma preocupação que me toma hoje é o funcionamento do Facebook como uma espécie de coliseu, onde a cada semana uma pessoa sofre uma espécie de linchamento público. Vejo isso acontecendo não só no Facebook, como também em outros âmbitos das redes sociais. Às vezes um personagem público ou privado é escolhido e permanece, durante uma semana ou mais, no centro da esfera pública, sendo repreendido ou julgado e condenado pela multidão. Uma semana depois, todo mundo já esquece e é a vez de outro cidadão, totalmente diferente, ocupar a posição dentro do coliseu, e assim por diante. Se considerarmos os últimos meses, perceberemos que é mais ou menos a média de um cidadão por semana que entra nessa espécie de coliseu. Aliás, gosto muito dessa ideia do Facebook como coliseu. Não é uma ideia minha, mas de **José Marcelo Zacchi**, que pensa urbanismo e várias dessas questões. São problemas similares ao problema da multidão existente no início do século XX. Se, naquele momento histórico, havia a multidão física, hoje temos a multidão virtual. E o único jeito de lidar com ela não é reprimindo, repreendendo ou tentando desacreditá-la ou controlá-la. Pelo contrário, é proporcionando novos canais para que ela se expresse de maneira mais construtiva e perene, de modo que os debates nas redes sociais não sejam sucedidos por novos debates sem que se aprenda ou se evolua alguma coisa. Assim, poderemos construir e aprender cada vez mais com esse potencial que temos hoje. A tarefa é pensar as instituições capazes de fazer isso. Esses são alguns pontos que acho importante levantar.

Di Felice – Vou aproveitar alguns deles. Um argumento que você usou e é muito importante no que diz respeito à rede é essa transformação no âmbito da economia. Utilizando sempre a metáfora do J.D. Peters, poderíamos dizer que estamos passando de uma economia da disseminação, portanto produção para o consumo, para um tipo de economia colaborativa, de diálogo. Os exemplos que você deu são absolutamente objetivos e inquestionáveis. As músicas mais consumidas no Brasil hoje não são apenas aquelas veiculadas pela TV Globo. Temos dados também do aumento objetivo da grande crise econômica que estão enfrentando todas as grandes empresas de comunicação do Brasil, Abril e Globo em particular, que, segundo previsões, terão seu faturamento reduzido pela metade nos próximos dois anos.

Aí, temos um claro panorama do tamanho da transformação que estamos vivendo. Obviamente, isso se deve a um fato tecnológico, visto que hoje existe uma rede informativa por meio da qual a população não somente produz e divulga seus produtos diretamente, sem passar por grandes mediadores, como também se vê reduzida a audiência de programas que antes atraíam grande número de telespectadores. A famosa novela das oito, que passa às nove, já não conquista tanta gente. Hoje, as novas gerações assistem mais às séries, além de estar conectadas no horário da novela. A mesma fruição da novela mudou, tornando-se acessível no digital e possibilitando, assim, a sua visão em forma não mais sincrônica.

Mudou a arquitetura de distribuição da informação; com a nova forma de produção de conteúdo surge, consequentemente, uma nova forma de economia. Trata-se de uma transformação muito importante porque afeta os hábitos dos consumidores, acarretando grandes mudanças nas estratégias de comunicação das empresas, como o comprovam diversos casos recentes. O poder do consumidor hoje é ilimitado. Uma rede de consumidores pode tranquilamente destruir em poucos dias a reputação de uma empresa, desde que tenha realmente fortes dados objetivos. Isso aconteceu, por exemplo, com a Arezzo, empresa que fez uma campanha, há alguns anos, utilizando peles de animais em extinção. A produção já estava na rua, nas lojas, quando os defensores dos animais e alguns movimentos sociais divulgaram críticas nas redes socais convidando ao boicote dos produtos, levando, assim, a empresa a decidir retirar toda a produção de outono, o que ocasionou grandes prejuízos. Provavelmente essa foi uma boa escolha, pois ela conseguiu ao menos superar o problema. A mesma coisa aconteceu com os produtos da Zara, acusada de utilizar mão de obra escrava.

Estamos assistindo à transição para um novo modelo econômico, no qual não existe mais o poder absoluto da empresa, da indústria, de criar uma estratégia de *marketing* e divulgação e conseguir facilmente alcançar o objetivo da massificação do consumo. Na atualidade, para conseguir manter seu mercado, a empresa deve, antes de tudo, zelar por sua reputação. E zelar pela própria reputação num contexto de redes significa passar da lógica de disseminação (de informações, de ideias etc.) para uma lógica de diálogo. Ninguém hoje é o dono absoluto da sua própria reputação. Nós construímos a nossa reputação continuamente nas redes no diálogo com outros atores. Então, uma empresa hoje não tem mais o poder de determinar, moldar e criar sozinha a sua própria reputação e mantê-la; essa reputação será examinada pelos consumidores – pelo movimento ambientalista, pelo movimento dos direitos dos trabalhadores e por muitos outros atores que a empresa não controla, os quais podem criar problemas, ocasionar crises e, sobretudo, modificar a reputação dela.

Então, numa lógica de rede, as empresas deveriam pensar em abandonar o esquema de divulgação informativa dirigida do centro para a periferia e começar a criar ecossistemas reticulares de diálogo, nos quais elas deixariam de ser donas absolutas de suas ações. Desse modo, é possível criar, em colaboração com outros atores, um processo de produção, distribuição e consumo, moldando assim suas escolhas às dinâmicas evolutivas das redes. Nessa perspectiva, portanto, altera-se completamente o conceito de crise. Se, numa lógica de disseminação e de comunicação analógica, a crise é algo negativo, que precisa ser enfrentado e resolvido com estratégia de comunicação apropriada, numa lógica de interações de redes complexas, a crise é uma oportunidade, e não algo negativo. Representa uma chance de modificar e alterar a própria ação que está sendo reputada errada, melhorando, assim, o desempenho e a própria reputação. O que vem por aí é uma lógica de mercado totalmente diferente da industrial – que funciona de modo diferente, com novos atores, os quais, ligados à tecnologia, criam produtos que podem ter um sucesso absolutamente imprevisível. Enfim, é uma lógica de mercado que merece uma reflexão extremamente séria, já iniciada por autores como **Don Tapscott**, **Jeremy Rifkin**, **Clay Shirky**, entre outros, que são portadores de visões importantes e inovadoras sobre como o mercado digital cria técnicas de produção, de valor e de distribuição, distintas daquelas da produção industrial. Esse será provavelmente um dos grandes desafios da economia no futuro. Precisamos pensar em outros conceitos de valores que não sejam apenas os valores monetários para que possamos alcançar uma forma de construção mais complexa de um valor que a forma da representação monetária – que, na verdade, já é uma forma virtual.

Ao lado dessa discussão, temos a questão da democracia. Eu gostaria de começar fazendo uma observação bastante banal, mas pertinente. O conceito de democracia que o Ocidente desenvolveu se manteve quase sem variação desde a Grécia Antiga, isto é, desde a Atenas de **Péricles**, do século V a.C. até hoje: é a representação por meio de eleições, seja levantando a mão, seja apertando um botão na urna eletrônica. É, enfim, a democracia baseada na eleição de representantes escolhidos pela população, pelo povo, por meio de sufrágio universal, fato que caracterizou a democracia no Ocidente.

Essa forma de representação de democracia é hoje questionada em qualquer contexto. Obviamente, primeiro pelo advento de novas tecnologias que nos permitem, por exemplo, votar, a qualquer momento e sobre qualquer questão, a custo zero. Se hoje o governo quiser fazer uma votação em rede sobre uma questão, seja ela qual for, a população inteira vai poder votar, e pode fazê-lo até pelo celular, por exemplo. Há a necessidade de repensar a não contemporaneidade do sistema eleitoral da democracia moderna ocidental que limita a participação dos cidadãos a apertar um botão a cada quatro anos, num contexto em que todos os dias eles poderiam, por meio da tecnologia, expressar sua opinião e decidir.

Vale a pena refletir ainda sobre outro aspecto, proposto por autores como **Isabelle Stengers** ou **Bruno Latour**: o que podemos definir usando o termo escolhido pela primeira como cosmopolítica – que está ligada à noção de internet das coisas, que você citou há pouco, Ronaldo... Essa é uma das grandes transformações que estão ocorrendo na internet e nas redes contemporâneas. Nesse sentido, quando falamos de rede, hoje, devemos pensar em redes não apenas humanas. Em alguns de meus livros eu utilizo o conceito de *habitar* como forma comunicativa do habitar, explicando com esse termo o que entendo como rede. É a forma que chamo *atópica*, ou seja, um tipo de complexidade de interações comunicativas que incluam indivíduo, ambiente, território, objeto, tudo o que existe, numa forma de conexão reticular, interativa; no qual todos os atores se tornam não apenas coprodutores de conteúdo e, portanto, membros de um novo tipo de sociedade, mas habitam um outro tipo de ecologia sem externalidade e dinâmica, que seriam as redes. Estas não devem, segundo esse conceito, ser pensadas como arquitetura externa, pois, pela lógica conectiva, são também internas e constituem os próprios membros das redes. Essa sociedade não é mais moldada à imagem e semelhança da noção europeia ocidental de sociedade desenvolvida pela sociologia do século XIX, por autores como **Émile Durkheim** ou **Max Weber**. Como diz a palavra, uma união entre sócios, entre iguais – logo, entre humanos, com instituições, classes, papéis, comunidades... A forma de representação da sociedade ocidental é antropomórfica e antropocêntrica: é a sociedade dos homens, é a *ágora* grega, típica do século V.

As redes, na versão mais contemporânea, definidas de forma não apropriada como internet das coisas, nos propõem a criação de outro tipo de sociedade que não é apenas dos humanos; é mais complexo, constituído por uma ecologia de atores diferentes. Assim, podemos pensar num outro tipo social feito não apenas por pessoas, mas constituído por membros de diversas naturezas (dispositivos, banco de dados, biodiversidade, territórios etc.). Latour, reduzindo tal complexidade, fala de "parlamento das coisas", mas acho que devemos idear um parlamento não apenas dos humanos e das coisas, mas algo mais complexo, constituído também por árvores, rios, pássaros – abrangendo, enfim, toda a complexidade que constitui a nossa sociedade. Por isso falei que o termo *internet das coisas* é inapropriado. Porque essa maneira de pensar a sociedade como o lugar de decisão apenas dos humanos, própria da forma política europeia e ocidental, é muito primária, simplória, além de ser antropocêntrica. Qualquer tipo de sociedade, para se perpetuar, necessita de matérias-primas, recursos, os quais retira da natureza para realizar a produção e se perpetuar no tempo; faz toda a diferença se uma sociedade humana decidir adquirir energia do petróleo ou de fontes renováveis. A sua forma de organização social vai ser completamente alterada. Esses elementos não humanos jamais entraram na análise sociológica, menos ainda na análise política. Então, o que as redes podem nos proporcionar hoje é a criação de uma nova concepção de democracia, ou de política, que passe da democracia opinativa, representativa, para uma forma mais complexa. Sabemos hoje que todas as grandes decisões, sejam políticas ou econômicas, estão ligadas à nossa forma de interação com o meio ambiente, à nossa facilidade ou dificuldade de acesso a matérias-primas, à maneira como adquirimos energia. Essas são questões que, hoje sabemos, incidem profundamente na nossa vida política e as quais o pensamento político ocidental europeu jamais abordou, nem mesmo o Iluminismo. O Iluminismo, que estava amarrado na centralidade dos atores humanos, buscando legitimamente a *liberté*, a *egalité* e a *fraternité*.

Agora, estamos perante a necessidade de um novo tipo de Iluminismo – talvez seja melhor não usar essa designação –, de um novo tipo de transformação que desloque a sensibilidade, o significado mesmo da ação política para além da dimensão exclusivamente humana de democracia representativa e para aquém da forma representativa através da qual são tomadas as decisões. Que isso venha para o proveito de todos e não apenas dos humanos. Não será mais na forma de disseminação e de eleição; será na forma de rede, colaborativa, mediada por uma tecnologia que permite juntar uma quantidade infinita de informações e de opiniões das pessoas para formar um parlamento em que a construção de decisões seja feita por meio da sinergia das interações humanas com os *big data* e o conjunto de informações que através dos sistemas de conexões exprimem arquiteturas de complexidade não apenas humana. Essa outra forma de tomada das decisões, resultado da sinergia de diversas naturezas, deverá refletir a complexidade da ação política numa dimensão não apenas ideológica, idealista ou opinativa, mas também na dimensão ecológica, dando à palavra *ecologia* a etimologia da palavra *ecologos*, discurso sobre o meio ambiente. Isto é, a ação política como representada pela Grécia e pela política do Ocidente é a ação do homem teleológico – ação teleológica, como a define Weber. Em outras palavras, o homem racional baseia-se numa ideologia, numa finalidade, ao agir pensando em impactar a sua ação num determinado contexto entendido como externo. Essa é uma concepção criminal da ação. Ela não é somente *contra* o meio ambiente, mas também contra o próprio homem. Já numa lógica reticular, ecossistêmica, a ação deixa de ser política ou teleológica para se tornar uma *co-ação* reticular *com* o meio ambiente, os dispositivos de conectividade, as informações – portanto, não apenas humana.

Assim, a partir de uma reflexão sobre a democracia em rede, temos a possibilidade de passar do modelo opinativo europeu, ocidental, para outro que, insisto, se aproxima daquele existente entre os ianomâmis, os guaranis, os craôs, enfim, diversos grupos étnicos de indígenas americanos que têm uma outra concepção ecológica, uma outra concepção do social e uma outra concepção de democracia. A sociedade dos guaranis ou dos craôs é composta não apenas pelos membros da comunidade, mas também pelo peixe do rio, pela cobra, pelos passarinhos, pelos mortos. Desse modo, temos a possibilidade de pensar as redes como o advento de uma outra dimensão da política. Porque a política ocidental, infelizmente, nos limitou ao embate das ideias dos homens. Contudo, o meio ambiente entrou com força na pauta e tudo o que consiste em poluir o meio ambiente, destruir florestas, usar a energia nuclear ou não tornou-se tema de discussão nas últimas décadas, desencadeada pelo movimento ambientalista mundial. Essa é a temática do momento, em torno da qual vão acontecer, provavelmente, os debates do futuro. Hoje a ecologia é a grande questão da política mundial, pois está estritamente ligada ao desenvolvimento. Na maioria dos lugares, inclusive no Brasil, ninguém mais tem coragem de usar a palavra *desenvolvimento*. Mas é uma palavra que provavelmente não será mais utilizada no sentido em que era empregada. Podemos encontrar formas de interações que permitam a reprodução da nossa sociedade no futuro, em harmonia com o ambiente e, como disse, com os outros atores que a compõem; precisamos pensar a passagem da democracia representativa para uma forma de gestão ecológica, não mais baseada na soma das opiniões das distintas facções, mas na qual os processos de decisão incluam também os elementos não humanos. Como incluir os elementos não humanos? Bruno Latour apresenta uma interpretação, a meu ver, muito simplória. Ele diz: "Não tem jeito. Os não humanos falam através de porta-vozes humanos. É preciso, portanto, desconfiar dos porta-vozes, mas é a única possibilidade que temos de ouvir os não humanos". Acho que hoje podemos ir além e pensar que os não humanos podem falar por meio da tecnologia. Por exemplo, existem formas de medição do tamanho do gelo na Antártida, ou ainda da água do oceano que, parece, é talvez o melhor indicador para estabelecer o nível do aquecimento no planeta. Enfim, por meio da tecnologia, tem-se atualmente acesso a um grande conjunto de informações. Outro exemplo é o sistema que utiliza satélites, feito em parceria com o Google, no norte do Brasil, para monitoramento das queimadas, do grau de destruição da floresta. Temos hoje formas de controle que a tecnologia nos proporciona: olhos e ouvidos mecânicos que dão vozes a outros atores. Esses atores cada vez mais participarão no processo de decisões que são tomadas, mediante a colaboração com a tecnologia e com fluxos informativos.

Tecnologias colaborativas, educação e conhecimento

Lemos – Acho que chegou o momento de abordarmos a importante relação entre tecnologia e educação, não é?

Di Felice – Sem dúvida trata-se de uma relação que também está sendo amplamente afetada por todas essas mudanças de que estamos falando. Por exemplo, a USP já mantém um conjunto de aulas em sua página na internet. Elas são de acesso público. Dois anos atrás, realizamos um ciclo de conferências chamado USP 2.0, com o intuito de debater o ensino a distância, pois havia um grande movimento de estudantes e também do pessoal do sindicato contra a EaD. Na época, vi um cartaz que mostrava um professor cuja cabeça era um computador. Parecia realmente surpreendente que houvesse gente na USP ainda discutindo um tema tão importante nesse nível. Promovemos, então, o evento USP 2.0, para o qual convidamos **Pierre Lévy**, **Derrick de Kerckhove**, e vários outros autores, a fim de apresentar a experiência de outros países, uma vez que as transformações estão acontecendo no mundo inteiro, no total foram dez encontros. Recentemente tornaram-se disponíveis na *web* os *massive open on-line courses* (Moocs), essa arquitetura fantástica de divulgação de conhecimento, a demonstração da rapidez do processo. Trata-se de um ambiente virtual de aprendizagem que reúne conteúdo em diversos formatos e, ao mesmo tempo, a possibilidade de diversos tipos de interações. Continuando o debate e a pesquisa sobre a digitalização da universidade começada na USP 2.0 estamos começando uma pesquisa que envolve unidades diferentes – com professores e pesquisadores da área de engenharia, de *games*, da educação, da ecologia, da medicina, da comunicação, da física e da administração – com o objetivo de discutir como as tecnologias de redes estão mudando a universidade e como irão afetá-la nos próximos anos. Aí, uma das grandes formas de transformação, além do ensino em si, também a reação ao que se chama aqui na USP de cursos de extensão, isto é, a relação entre a universidade e a sociedade. Imagine o potencial dos Moocs que estão sendo organizados e divulgados pela USP, que é a maior universidade pública do país! Toda universidade pública tem o importante papel de, antes de tudo, difundir conhecimento, e mais ainda num país como o Brasil, que apresenta tantas desigualdades. As aulas que dou hoje podem ser gravadas e, em seguida, disponibilizadas no Brasil inteiro a custo zero.

Lemos – É verdade. Outras instituições, como o Instituto de Tecnologia de Massachusetts (MIT), ou as universidades de Harvard e Stanford, já estão fazendo isso há muito tempo.

Di Felice – Efetivamente, já estão mesmo. A pessoa interessada pode ter acesso a todas as aulas. Se ela quiser o diploma, basta pagar – aí a questão é outra –, mas o conhecimento é público. Agora, veja só: foram feitas grandes diatribes e discussões acaloradas sobre o tema das cotas. Que estupidez! Que mesquinharia! E numa linguagem tão colonial... Ainda essa questão de diferenciar as pessoas – a chamada *política afirmativa*: diferenciar as pessoas pela cor da pele, pelo fenótipo. E isso, seja afirmativo, seja discriminatório, é sempre racismo, na minha opinião. Não se pode distinguir e controlar o acesso, seja de modo positivo, seja negativo, das pessoas pelo fenótipo. Ainda mais quando já existe uma tecnologia que permitiria que todas as aulas do país estivessem disponíveis gratuitamente *on-line* para todos. Nesse contexto, por que brigar para que a parcela *x* ou *y* da população possa entrar na universidade? Fica bem evidente como a política impede o desenvolvimento, e como a tecnologia não somente resolve antigas questões, mas também as supera.

Lemos – Essa questão da educação *on-line* é fundamental e penso que a ambição não pode ser só a de disseminar as aulas – esse é um primeiro passo, sem dúvida essencial: as aulas são filmadas e colocadas na internet, em módulos. Mas penso que precisamos ir além. É necessário experimentar também com os mecanismos de avaliação dos alunos. Por exemplo, verificar se cada um deles aprendeu de fato o conteúdo que foi oferecido. A tecnologia para isso está se desenvolvendo. Hoje já existem algumas experiências interessantes. Por exemplo, o aluno que faz a prova na frente da *webcam*; professor e monitores acompanham para ver se ele não está trapaceando ou qualquer coisa do tipo. Mas trata-se de uma tecnologia ainda rudimentar. Acho que existe um grande potencial para renová-la no que diz respeito à maneira de testar o conhecimento do aluno. Porque assim pode-se democratizar não só a educação, mas também o certificado, que ainda é importante socialmente. Por fim, acho necessário ir mais além, partindo da concepção de que o conhecimento não é só do professor para o aluno; ele é do aluno para o aluno e do aluno para o professor.

Outro ponto que é interessante, Massimo, é a ideia da sala de aula invertida (conceito conhecido em inglês como *flipped classroom*). Uma vez que a aula tenha sido gravada e todos os materiais estejam prontos para os alunos, o primeiro passo é dar a eles a liberdade para empregar o tempo como cada um quiser. Então, a proposta consiste em que o professor possa avisar: "Minha aula vai ser na terça-feira às onze da manhã. Cheguem com a aula *on-line* já assistida". Assim, os alunos assistem a essa aula em casa, no horário de preferência deles. Nesse contexto, a sala de aula deixa de ser um espaço para a simples exposição de um assunto e se torna o espaço de construção, de debate do tópico apresentado. O professor pode, então, usar aquela oportunidade de maneira muito mais rica, ou seja, os alunos podem conversar uns com os outros, compartilhar seus conhecimentos e suas ideias.

Penso que revolucionar a educação é trazer a ideia de rede para dentro da academia. Não existe instituição tão hierarquizada hoje quanto a academia. Talvez ela só perca para os militares – o exército, a aeronáutica, a marinha. A academia, especialmente no Brasil, precisa de uma reforma completa. Depois de já ter trabalhado em universidades como Princeton e Oxford, uma coisa que me choca é ver como o Brasil controla a vida acadêmica dos alunos e dos professores. Por exemplo, o fato de o aluno chegar à universidade e encontrar seu curso montado da primeira à última aula; de ter que cumprir obrigatoriamente um currículo idealizado por alguém no Ministério da Educação, que decidiu que quem quiser cursar comunicação deve frequentar esta e aquela disciplina, deixando para o aluno uma margem muito pequena de decisão sobre seu próprio percurso acadêmico. Retirar do aluno a capacidade de escolher o que ele quer estudar me remete àquele tipo de academia em que são os aparelhos que fazem ginástica pela pessoa, flexionam os braços e as pernas dela, mas ela mesma não faz nenhum esforço. Ao assistirmos a uma aula numa universidade brasileira, parece que o aluno está contrariado, num lugar em que não gostaria de estar. Parece que ele está numa aula de colégio: entediado, não querendo realmente estar ali, ansiando por estar em outro lugar e sem controle sobre sua trajetória acadêmica. Quando as decisões sobre essa trajetória passam a ser tomadas pelo próprio aluno e ele assume a responsabilidade pela construção do conhecimento que quer adquirir na instituição universitária, acaba o enfado, ele está ali porque quer, porque decidiu cursar esta ou aquela disciplina, e não porque alguém decidiu por ele.

Penso que a tecnologia entra como um elemento de erupção muito forte nessa estrutura hierárquica da academia brasileira; acredito que esse é o futuro. Caso permaneça como é hoje no Brasil, a academia vai se distanciar cada vez mais da maneira como as pessoas lidam com a informação fora dela. Esse quadro provocaria um descompasso com a vida fora da academia, onde a informação é mais abundante, o jeito de lidar com ela é mais flexível, a quantidade de pessoas com as quais nos relacionamos é maior. No momento, dentro da academia o aluno se relaciona com um grupo limitado de pessoas, a velocidade da informação é muito baixa, a flexibilidade não é tolerada e o texto é o elemento preponderante, e a possibilidade de trabalhar com som, audiovisual e imagens é secundária. Ao se manter como é hoje, pode ocorrer um descolamento entre academia e sociedade, da mesma forma que estamos presenciando um descolamento entre governo e sociedade: temos uma sociedade que já é 3.0, um governo que é 1.0 e uma academia que é 0.5. Então, acho que está na hora de reconhecer que a academia precisa se renovar rapidamente. O desafio aqui é trazer inovação para o ambiente acadêmico. Se isso não ocorrer, a academia vai ser reformada de qualquer jeito, a despeito de qualquer planejamento, pelo contraste entre a informação que é tratada fora dela e dentro dela. Vai ser erodida pelo imobilismo, que fará surgir fendas cada vez maiores em face de sua relação com a sociedade conectada. O bom é que isso cria oportunidades para o surgimento de inovadores de fora do mundo acadêmico, que terão um impacto profundo sobre ele. É um pouco o que aconteceu com a indústria da música: ao se mostrar incapaz de inovar seu próprio modelo de negócios, vários terceiros externos, do Napster à Apple, passando pelo Spotify, inovaram por ela, transformando a indústria da música definitivamente.

Di Felice – Como as tecnologias digitais e as redes em particular vão alterar a academia? Nós temos um tripé no caso da universidade pública brasileira: o ensino, a pesquisa e a extensão.

Atualmente, no ensino, temos a possibilidade de utilizar tecnologia para repasse, armazenamento, distribuição e construção colaborativa de conteúdo. Sempre brinco com os alunos dizendo que, quando dou aula expositiva, estou empregando apenas a mesma tecnologia utilizada por Sócrates no século V a.C.: a voz. Então, minha frustração como professor é que depois de três horas de aula teórica, em que cito autores, pesquisas, fatos, aula que levei uma vida para preparar... Porque, claro, são necessários apenas alguns dias para preparar uma boa aula quando o professor é dedicado, mas obviamente cada uma é resultante também de toda uma história de vida, que preparou o profissional para ser o que ele é. Daí, às vezes penso: "Mas quanto do conteúdo desta aula que estou ministrando agora esses alunos vão se lembrar dentro de 15 dias, de um mês, de seis meses... Do que eles vão se lembrar?". Percebo então o desperdício, a ineficiência desse método de ensino baseado sobretudo na difusão de conteúdo oral, pelo meio da voz.

Aí comecei a imaginar: "E se eu gravasse minhas aulas e as deixasse *on-line* para os alunos poderem não só assistir, mas também se preparar para a prova ou rever quando quiserem?". Em 2012 fizemos, de fato, uma experiência desse tipo: todo o curso do ano anterior havia sido gravado. Cada aula continha um argumento, uma bibliografia e textos indicados. Os alunos assistiam à aula em casa, no horário que preferissem, e liam os textos. Em sala de aula, depois de se dividirem em grupos, os alunos recebiam algumas perguntas e indicações para estimular o debate entre eles. Cada grupo, terminado o debate, apresentava o que havia sido discutido e o conteúdo adquirido na plenária; na segunda parte da aula, havia um seminário específico programado sobre uma determinada temática que, ainda, sob minha orientação, apresentava uma extensa bibliografia. Depois de algum tempo, eu e os alunos fizemos uma avaliação, uma análise da experiência. Claro, no início, quando eu propus essa metodologia, houve alguma resistência. Alguns diziam: "Mas, professor, a gente gostaria de vir assistir à aula aqui, presencialmente..." – o que é compreensível. De um lado pela *performance*; de outro, também devemos considerar o fato de que, digamos a verdade, a aula presencial é muito menos cansativa do que assistir à aula em casa e ler os textos. Mas a grande maioria concordou em continuar, e assim foi. O resultado final foi muito positivo porque a quantidade de informações que eles adquiriram e conseguiram produzir foi bem significativa.

É realmente diferente, pois é possível fazer um curso inteiro sem formular uma pergunta: o aluno lê os textos e faz a prova no final, isto é, sua participação pode ser zero numa aula presencial, como muitas vezes é. Num contexto digital e numa arquitetura como criamos nessa experiência, isso não acontece. Por exemplo, Pierre Lévy me contou que propõe a seus alunos, no começo do curso, a criação de *blogs*. Cada aluno faz um *blog* e ele avalia a qualidade dos escritos ali apresentados sobre o conteúdo do curso. Essa é apenas uma forma, mas existem outras. A participação *on-line*, por exemplo, pode ser avaliada também. Num ambiente virtual de aprendizagem, num ambiente que tem, além das aulas gravadas, tutores, grupos de diálogo, *links* de vários tipos, textos, documentários etc., pode-se contar com um conjunto de indicadores e saber quantas vezes um aluno entra na arquitetura digital, quanto tempo fica, quais são as postagens que ele faz. É, portanto, uma forma de avaliação muito mais complexa.

Trata-se de um sistema de ensino muito mais ligado à interatividade, e não apenas à presença em sala de aula, porque a simples presença em sala de aula não quer dizer nada. Eu concordo com você, Ronaldo, que assistir a uma aula não é necessariamente o melhor meio de repasse de conteúdo. Mas diria que também a melhor aula assistida presencialmente hoje não é mais o melhor meio para disseminação de um conteúdo atual e competitivo no mundo contemporâneo. Se estamos pensando que a melhor aula hoje, na universidade, é a boa aula tradicional de um professor que tem 15 alunos que fazem perguntas no final da aula sobre o tema desenvolvido pelo professor, estamos fora do mundo contemporâneo. O mundo hoje é tão competitivo e o acesso à informação é tão grande que a melhor forma para o Brasil preparar, de fato, todos os cidadãos para criar inovação e ser competitivos é, em parte, o que já está acontecendo: é preciso dialogar com as outras universidades do mundo, refletir profundamente sobre o que significa a digitalização do conhecimento e ver como vem sendo abordada tal passagem para uma estrutura de conhecimento digital e conectada. Então, a aula presencial hoje não é mais competitiva.

Lemos – Só faço uma observação: acho que a reforma e a transformação do sistema educacional passam também pela mudança dos materiais didáticos. Existe hoje no mundo uma discussão sobre os chamados recursos educacionais abertos (REAs) que é crucial para países em desenvolvimento como é o caso do Brasil. A ideia é que o material didático precisa se transformar, precisa se enriquecer, e mais: precisa ser aberto.

Ser aberto significa que não basta colocar o PDF do material *on-line*: é necessário fazer com que o texto possa ser processado pela máquina, pelo computador, para que se criem conexões dos materiais didáticos entre si e com os alunos, que, ao participarem da criação dessas conexões, passam a construir novas pontes, novas perspectivas. É daí que vem a inovação.

O que caracteriza um REA hoje não é só a licença autoral que lhe é aplicada – que em geral é uma licença livre, como é o caso das licenças do Creative Commons –, mas também o fato de ser um tipo de material que busca ser inovador. Não basta que o professor pegue uma quantidade de texto, coloque *on-line* e ache que algo incrível vai acontecer a partir dali. O REA quer ir além e precisa, no mínimo, de padrões de indexação dos materiais que permitam que eles sejam legíveis não só pelos alunos, mas também pela máquina.

Vale lembrar que um símbolo global dessa ideia dos REAs, na atualidade, é o **Aaron Swartz**, um americano que sofreu uma morte trágica – e, aliás, era meu amigo pessoal. Quando esteve no Brasil, ficou hospedado na minha casa. Ele morreu por conta de um processo movido contra ele pela procuradoria dos Estados Unidos. Até o FBI entrou na investigação do caso dele. A razão é que um belo dia ele foi até o MIT e fez o *download* de alguns milhões de materiais acadêmicos a partir da rede da universidade. Ele nunca colocou esses materiais *on-line*, apenas fez o *download* para o seu computador pessoal. Muito provavelmente porque ele queria estudar as conexões entre aqueles materiais e saber, justamente, o que dava para fazer quando se tinha não apenas um artigo em mãos, mas todo o conjunto de artigos jamais escritos a respeito de um determinado assunto. Essa ideia passa, por exemplo, por trazer o chamado *big data* para a educação. Mas Aaron Swartz foi processado por dois procuradores nos Estados Unidos, esteve prestes a ser condenado nessa ação, que o enquadrava numa lei gravíssima, que é o *Computer Fraud and Abuse Act* (lei de fraudes computacionais nos Estados Unidos). Não aguentando a pressão, ele tirou a própria vida no começo de 2013, o que gerou grande repercussão internacional, com matérias em jornais de todo o mundo, incluindo os principais jornais brasileiros. Ele era um garoto com vinte e poucos anos, um idealista da reforma da educação, um autodidata que nunca teve diploma em educação formal, à qual grande parte das pessoas aspira, mas que, nem por isso, deixou de aprender. Ele era brilhante. Basta ver os escritos que deixou, os quais tratam desde ciência política até crítica de arte, passando por computação aplicada. Ele foi uma das pessoas que desenvolveu o protocolo *really simple syndication* (RSS), que hoje está praticamente em todos os lugares da internet. Apesar de jovem, era um gênio mesmo. Eu o conheci quando tinha treze anos e estava como palestrante em uma universidade de Harvard. Fiquei assustado perguntando a mim mesmo o que aquele garoto estava fazendo ali. Até que o vi falar de igual para igual com todos os presentes, professores experientes que iam dos 30 aos 70 anos de idade. Era uma pessoa que fazia uma crítica muito profunda ao sistema educacional justamente por entender que ele estava divorciado de possibilidades mais amplas, flexíveis, trazidas pela estrutura em rede. Acredito que o tema dos REAs – que é uma das bandeiras que o Aaron levantou, de fazer com que os materiais acadêmicos estejam disponíveis livremente para que as pessoas possam acessá-los – é uma das discussões mais centrais que temos hoje. E ao pensar nela, acredito que, especialmente em um país em desenvolvimento como o Brasil, é algo que precisa ser feito ainda mais rápido. Estamos vivendo num modelo em que a academia, o MEC e a Capes ainda avaliam o indivíduo por publicar em jornais acadêmicos que, na verdade, pouca gente lê. É isso que me deixa impressionado. Não me parece uma boa política incentivar a publicação de textos que são altamente reconhecidos pela academia, mas que, na maioria dos casos, produzem um impacto social e até mesmo científico muito pequeno. É preciso reconhecer que a inovação acontece também fora do universo acadêmico, e o conhecimento produzido na academia precisa começar a levar isso em consideração.

Há uma frase de **Tim O'Reilly** de que gosto muito que é: "É melhor ser pirateado do que permanecer na obscuridade". É isso. Penso que a academia brasileira e o acadêmico que quer produzir impacto têm de estar preparados para, no mínimo, colocar tudo *on-line*, porque isso ao menos gera a chance de alguém ler o seu trabalho, de achar interlocutores, parceiros, pessoas com quem ele possa trocar ideias. Esse modelo atual, quantitativo, de publicações em jornais tradicionais, de medir se o jornal é de primeira linha ou não, isso tudo é algo que não merece nem a qualificação de "1.0", mas de "0.1". É um modelo arcaico de atribuição de créditos, quase uma distinção entre nobreza acadêmica e ralé. Isso precisa ser repensado sob pena de o papel que a academia tem a exercer na sociedade ser cada vez menor. A academia tem que estar mais do que nunca presente porque precisamos de opiniões de especialistas, de análises, de interlocutores o tempo todo. Uma das grandes vantagens da academia é dar tempo para o indivíduo desenvolver projetos de longo prazo. Não existem outras instituições hoje no mundo, que não a academia, que sejam capazes de devolver esse recurso tão escasso que se tornou o tempo. É por isso que gosto do modelo das universidades americanas porque existem pessoas fazendo projetos de 12, 15 anos. A academia brasileira precisa proteger esse espaço temporal, precisa apostar nisso e, mais do que nunca, conectar-se com a sociedade.

Di Felice – Bem, voltando à questão do ensino. A primeira coisa que devemos esclarecer para pensar como muda a universidade com o digital, com as redes, é que o conhecimento do homem sempre foi uma atividade conectiva, e uma atividade de conexão com tecnologia informativa. A voz foi uma das primeiras tecnologias desenvolvidas pelo homem. A escrita, a leitura, o livro... McLuhan chama o livro de *tecnologia*. É uma tecnologia. É uma forma de armazenamento e distribuição de informações. Qual é o problema então? É que nós hoje temos ao lado do texto, da oralidade e da escrita, que fundamentam todas as academias do mundo, outros tipos de tecnologias capazes de disponibilizar todas as informações e de permitir um diálogo contínuo.

O motivo do atraso dessa mudança me parece muito simples, é claro. Inevitavelmente, a culpa é dos pedagogos que acham que o conhecimento é uma atividade professor-aluno.

A minha percepção do conhecimento – a minha e a de muitos outros autores – é que ele não é uma atividade professor-aluno. Conhecimento é uma atividade de interação e de troca de informação entre diversos atores. Afinal, entre professor e aluno há o livro; entre professor e aluno há giz, lousa, caderno e caneta. Há vários escritos sobre o desenvolvimento do ensino a distância e dos ambientes virtuais de aprendizagem que expressam com clareza as transformações das relações de ensino. Aí, se pensarmos a ecologia, uma ecologia analógica, os atores que compõem esse contexto educativo são a caneta, o papel, o caderno, o livro, a voz do professor, a lousa, o giz, as cadeiras e as quatro paredes. Ao contrário, no novo contexto digital, temos, ao lado destes, a introdução de um conjunto de outros atores que vão em primeiro lugar alterar essa situação, modificando profundamente até a sua temporalidade. Num ambiente virtual de aprendizagem, o aluno pode continuar a debater o conteúdo, pois não está mais limitado ao tempo da aula presencial; ele tem tutores com quem dialoga; tem formas de avaliação tecnológica e pode até mesmo interagir com *games*; tem a possibilidade de criar construções colaborativas de conteúdo com discussões e debates; e, sobretudo, de acordo com a forma de avaliação que está sendo produzida, ele tem a possibilidade da autoavaliação e da avaliação entre pares, entre os alunos. Isto é, cria-se um ambiente de aprendizagem muito mais complexo, com mais atores e maior eficiência, no qual circula maior quantidade de informações e conteúdo muito melhor (qualidade), e isso tudo não vai embora quando toca a campainha e termina a aula.

Lemos – Você falou de *games*... Perguntaram uma vez ao Sid Meier – um *designer* de *games* muito bacana, que fez a série de jogos *Civilization* e vários outros – se ele achava que os *games* eram o futuro da educação. Ele respondeu: "Não, acho que a educação não tem futuro sem os *games*". Considero esse ponto interessante porque vai ao encontro disso que você está dizendo.

Di Felice – Então, a sala de aula hoje, a relação entre professor e aluno já é algo fora da história. Pensar a aula e o ensino dessa maneira é socrático. Se acharmos que a universidade deve ser isso, aí sim estaremos fora do mundo.

O mundo contemporâneo é o mundo do *big data*, isto é, um mundo para o qual o aluno não pode se preparar adequadamente se ficar limitado ao conhecimento de um professor. Hoje o conhecimento significa ter acesso a uma quantidade infinita de informações, que está disponível *on-line* para todo mundo.

Então, primeira coisa: continuando na primeira esfera, a esfera do ensino... Está se transformando também o conceito mesmo de aprendizagem. Na forma da oralidade e do livro, a aprendizagem era a capacidade de adquirir o maior número de informações por meio da leitura e saber fazer uma análise crítica, interpretativa do texto. Num contexto de *big data*, o aluno não tem necessidade de adquirir e memorizar uma grande quantidade de informações, porque toda a informação está *on-line*. Quando precisa ver a data do nascimento ou da morte de um filósofo é só entrar no Google, na Wikipédia. Se quer pegar uma citação, é só digitar o começo e ela aparece aí. Todos nós fazemos isso continuamente. Antigamente, primeiro eu tinha de me lembrar em qual estante estava, segundo em qual livro, terceiro, mais ou menos se estava no começo ou não... Demorava entre meia hora e 40 minutos procurando o trecho que eu queria para poder citá-lo. Tudo isso significa que, se definimos conhecimento como uma atividade coletiva e tecno-humana, estamos numa outra etapa do conhecimento. Não devemos pensar o conhecimento como uma sala de aula, mas como a possibilidade de acesso a grande quantidade de informações; e, obviamente, quando temos acesso a grande quantidade de informações, conhecimento significa saber sintetizá-las, interpretá-las e criar uma forma inovadora de conteúdo. Isto é, o conhecimento deixa de ser o acesso à lembrança – o que **Paulo Freire** chamava de educação bancária –, acesso a uma grande quantidade de informações, à memória de informações, e se torna a capacidade de criar sequências de dados que explicam um conteúdo inovador. As universidades hoje estão preparando os alunos para tal.

Isso não quer dizer que a aula presencial não possa acontecer eventualmente – assim como palestras ou conferências –, mas ela não pode ser o centro do conhecimento, já não deve ser pensada como a melhor forma para transmissão de conhecimento. Isso porque, num contexto complexo e de grande acesso a informações e dados do mundo inteiro, um aluno preparado apenas em sala de aula não terá condições de competir com alunos que utilizam bancos de dados de várias universidades em diferentes países, fazendo conexões entre informações, aulas em diversos contextos, podendo interagir com pessoas de universidades de todo o mundo. No âmbito do ensino, portanto, muda a ecologia dos atores.

Já no âmbito da pesquisa, existe uma grande questão: a universidade deixou de ser um local ou um espaço físico. A USP não é aquele espaço onde estão situados seus prédios, suas faculdades, suas estruturas físicas, mas a rede de conexões que seus professores, seus centros de pesquisas têm com o mundo inteiro. Isso significa que, hoje, a pesquisa, a produção e a inovação se constroem em rede entre centros de pesquisa e práticas de inovação de várias partes do mundo. Essa condição é fundamental. É como uma rede de pensadores do mundo que, a fim de resolver a mesma coisa, trocam informações, e que, portanto, de uma forma colaborativa, buscam inovações. Então, o primeiro aspecto que as redes introduzem como inovação na pesquisa é desnacionalizá-la. Portanto, temos hoje uma inteligência planetária composta por Brasil, Estados Unidos, Canadá, enfim, por vários atores de vários países que colaboram e pesquisam juntos. Até porque hoje, em minha experiência pessoal, existem professores de diferentes nacionalidades em qualquer universidade do mundo. Encontramos, por exemplo, brasileiros nos Estados Unidos, italianos e americanos no Brasil. Esse elemento nacional não é mais um aspecto central para o conhecimento. A busca pela inovação é feita hoje mediante a construção e o trabalho em conjunto de redes de pesquisadores transnacionais. Foi assim no mapeamento do DNA, está sendo assim nos estudos sobre o câncer e, no nosso âmbito, estamos realizando dessa maneira uma pesquisa sobre a qualidade da ação do net-ativismo, trabalhando em conjunto com Portugal, Itália, França, Tunísia, Marrocos e Argélia.

    Outro grande tema que você levantou, Ronaldo, é o discurso do que é comumente chamado de *ciência aberta*, isto é, a possibilidade de criar um tipo de conhecimento que é público não apenas no momento da publicação dos resultados, mas em todas as suas fases. Como é que hoje a ciência *publiciza* o conhecimento? Os cientistas trabalham em equipes, nos laboratórios, e depois publicam os resultados em revistas acadêmicas científicas. Em alguns casos divulgam o resultado em livros: "Olha, trabalhamos 10 anos e produzimos isto, descobrimos aquilo. Está aqui a publicação, o artigo". Assim, temos acesso apenas à ponta do *iceberg* do conhecimento, isto é, a apenas um oitavo do total; os outros sete oitavos estão debaixo d'água. Em um contexto de ciência aberta, isto é, distribuída em rede, seria possível o acesso à pesquisa desde o princípio, que poderia ser publicada em grupos de debate, de discussão *on-line* aberta, fosse por um especialista ou não, tornando públicas todas as distintas escolhas. Desse modo, qualquer interessado poderia acompanhar todas as etapas que levaram a determinado achado ou descobrimento. Isso é interessante até para outros pesquisadores, para verificarem que tipo de decisões foram tomadas e, eventualmente, reverem a mesma pesquisa tomando outras decisões e chegando a outros resultados.

Lemos – Inclusive o que não deu certo. Isso é interessante, publicar não só o que deu certo, mas o que não deu certo também.

Di Felice – Exatamente. Isto é, mostrar o que se chama *backstage* da pesquisa, que é a coisa mais importante para um pesquisador. O que interessa é o *backstage* e não o resultado final *bonitinho*. O mais interessante mesmo são os bastidores, e hoje as redes permitem mostrá-los.

Enfim, o último item relativo às transformações digitais da universidade é a política dos cursos de extensão. Vimos o ensino, vimos a pesquisa, consideramos como o digital pode mudar a pesquisa e agora é a vez de focar a extensão, ou seja, a relação da universidade com a sociedade. A extensão é um dos pontos mais interessantes porque fornece à universidade um grande papel no aprimoramento da sociedade, principalmente em relação ao fato de poder oferecer à sociedade conteúdo de qualidade. Pensando, por exemplo, nos Moocs, que são, geralmente, cursos de formato breve – de uma semana, dois meses, ou mesmo 20 horas. Mas existem também outros mais longos, nos quais é possível armazenar conteúdo de primeiríssima qualidade e distribuí-lo via internet, gratuitamente, para todos. Os temas são variados: sustentabilidade, educação cívica, campanhas de prevenções médicas, entre muitos outros. Quanto custa uma campanha de prevenção pública médica pela televisão? Uma campanha de prevenção pode ser criada para celulares com um custo muito mais baixo, com *games* interativos, o que permite atingir a população jovem em maior quantidade e com mais facilidade, porque utiliza uma linguagem muito mais próxima. Qualquer assunto em formato digital pode ser disponibilizado para a população: prevenções médicas, como curar doenças, história do Brasil... Sabemos que o Brasil, em particular, além de ter essa característica de desigualdade de acesso à informação, herdada historicamente, é um país muito visual, muito comunicativo. Se começarmos a pensar a mídia como uma nova universidade – podemos imaginar isso –, fazendo com que a população, além de assistir às novelas (que representam algo culturalmente valioso, que faz parte da cultura brasileira) e de acessar o conteúdo lúdico, adquira o hábito de utilizar o computador como escola, isto é, para acessar conteúdos culturais e frequentar ambientes virtuais de aprendizagem (AVA), em poucos anos teremos uma transformação radical e uma nova sociedade.

Valor, dinheiro e influência nas redes

Lemos – Naturalmente, estamos discutindo aqui valores que precisam ser trabalhados para que possa surgir esse novo contexto de que falamos. Acredito que o valor de ter uma ciência aberta, de ter um paradigma para a economia, é algo que devemos trazer para este momento de novas decisões a serem tomadas, de mudança de contexto social e assim por diante. Mas considero a questão do dinheiro um ponto essencial, pois diz respeito a um assunto pelo qual passamos por alto. Uma forma de exemplificar essa relação entre dinheiro e mídias sociais pode soar aparentemente prosaica, mas é bastante significativa. Tome por exemplo a questão dos *blogs* de moda que estiveram envolvidos em polêmicas sobre o que é um *post* "legítimo" e o que é publicidade disfarçada. Essa mesma questão tem impacto também na comunicação social de modo mais geral. A pergunta que se faz é em que medida a sociedade em rede realmente amplia o espaço da ação comunicativa para condições ideias de discurso. Dialogando com **Habermas**, em que medida a rede amplia o espaço do mundo da vida ou em que medida ela é colonizada e tomada pelos imperativos *deslinguistizados* do dinheiro e do poder. Acho que os *posts* patrocinados são uma ponta muito pequena de um *iceberg* de questões extremamente complexas. No Brasil, por exemplo, houve alguns pequenos escândalos envolvendo blogueiras de moda que postavam determinados conteúdos em *sites* passando a impressão de que aquele era um conteúdo "orgânico", uma opinião pessoal não matizada por fatores externos. Só que na verdade elas receberam dinheiro para especificamente recomendar um produto. Isso gerou uma série de discussões, que envolvem inclusive aspectos jurídicos, como categorizar esse tipo de conduta como propaganda enganosa. Nesse sentido, o direito do consumidor traz alguns elementos para lidar com esse tipo de questão, mas o problema é que isso é só, efetivamente, a ponta de um *iceberg*. Possui, por exemplo, desdobramentos políticos profundos. Por exemplo, na China, o governo fomenta o chamado *50 Cent Party*, o Partido dos 50 Centavos, que é basicamente o seguinte: eles pagam ¥ 0,50 para qualquer *post* que for feito a favor do próprio governo. Há um conjunto indeterminável de pessoas nas redes sociais, nas versões locais do Twitter e do Facebook, elogiando programas governamentais. Só que, na verdade, estão sendo pagas para fazer o elogio, e recebendo ¥ 0,50 por ele.

Di Felice – O governo no Brasil faz isso. Existem blogueiros pagos.

Lemos – E acho que esse é o ponto, porque na internet não é simples definir a autoria e identificar se aquilo é um discurso publicitário ou um discurso legítimo, do mundo da vida; se é um discurso movido por uma vontade genuína de debater na esfera pública ou se é movido por um imperativo monetário que leva a proferir aquele discurso. Então, não é só na China; hoje esse tipo de tática acontece em vários lugares.

Só para dar um exemplo, outro escândalo envolvendo a National Security Agency (NSA) foi a criação de perfis falsos no Twitter e no Facebook em países onde há conflito geopolítico de interesse dos EUA. São perfis que se comportam como se fossem reais. Postam suas preferências de filmes, músicas, suas ações no dia a dia. Eles vão sendo literalmente cultivados em determinados países até que acontece um momento de instabilidade política e, a partir daí, uma inteligência central age e começa a fazer postagens com aqueles perfis como se fossem cidadãos efetivos ou membros daquela comunidade, na tentativa de influenciar a esfera pública local. Esse tipo de atividade é algo que está acontece cada vez mais.

Outro exemplo que acho importante é a própria campanha de **Barack Obama** para sua segunda eleição. Fazendo uso como nunca dessa ideia de processamento de dados, de análise do perfil do eleitor e das preferências de cada indivíduo, chegou-se a ponto de criar uma campanha específica para cada grupo de eleitores. Então, por exemplo, se um eleitor se declarava *pro-choice*, isto é, a favor do direito da mãe de optar pelo aborto, a campanha já sabia disso e elaborava, para aquele eleitor, um discurso político que tratava especificamente dessa questão. No ambiente digital, cada eleitor viu um Obama diferente, porque só lhe era mostrado aquilo que estava intimamente ligado a suas preferências políticas.

Penso que, hoje, a distinção entre o que é publicidade, o que é um discurso genuinamente voltado à participação na esfera pública e o que é um discurso motivado por dinheiro ou poder é um dos problemas com os quais teremos de lidar. Isso acaba criando uma presença na esfera pública que faz com que, dadas as características da rede e da internet, seja impossível saber se quem está do outro lado é um cidadão, um vizinho, um amigo ou se é alguém motivado por dinheiro. Então, acho que esse é um ponto central e uma questão pervasiva com relação também a todos esses temas que estamos discutindo aqui.

Di Felice – O fato de não saber quem está do outro lado é uma das melhores qualidades da internet no sentido de que a internet, as redes são o "além do homem" de **Nietzsche**. É o reino do niilismo, isto é, sabemos que qualquer tipo de informação na internet deve ser checada diversas vezes. É o exato contrário do que acontecia com a mídia de massa. Na mídia de massa, havia o cara *bonitinho* de gravata que às oito nos falava, explicando o mundo... Até era comum, para atestar a verdade de uma informação, dizer: "o jornal falou"; ou: "a TV falou". Era uma forma de dizer que, se algum locutor da televisão havia dito, "então era verdadeiro".

Lemos – Havia um sistema de reputação mais fácil de ser identificado.

Di Felice – A cultura midiática de 30 anos atrás expressava a confiança que tínhamos em relação à mídia ou em relação ao que estava no telejornal. Hoje, temos uma cultura com informação que é exatamente o contrário disso. Qualquer informação, seja do jornal, seja da TV, seja da própria internet, pode ser um clone, pode ser o governo... ou pode ser um boato. Tenho amigos no Facebook que – descobri depois de algum tempo – trabalham para o governo. Logo, sempre que há uma manifestação ou coisa assim, um deles posta um comentário no Twitter como se fosse um blogueiro autônomo. Na verdade, ele está recebendo do governo – que é uma coisa legítima, cada um faz o trabalho que quer. Agora, a meu ver, perde a objetividade, ele está falando porque foi comissionado para isso, não está expressando apenas sua opinião, mas a opinião de quem o contratou, no caso, o governo ou o partido.

Portanto, esse elemento do anonimato, que a internet introduz, é uma qualidade, no sentido de que nos imuniza e nos ajuda a entender que não existe informação objetiva. Estamos aí no reino da desconfiança. Uma observação que poucas vezes se faz quando se navega na internet, e que para mim é muito importante, é o fato de que, hoje, nas redes sociais e na internet, logo em seguida das atividades sociais de política, a segunda grande forma de agregação é a pornografia. Isto é, a internet é o lugar de Dionísio, o lugar da perversão, do excesso, das desconfianças. Isto é, não é a sociedade, não é o comunismo, não é a República de **Platão** – nesse sentido que comentei antes, de que as redes são algo próximo do além do homem de Nietzsche –, mas é o lugar onde todos os elementos da complexidade humana estão presentes. Aí, a questão também do dinheiro tem obviamente um sentido e um uso muitas vezes bastante perigoso, como você, Ronaldo, muito bem levantou, mas ao mesmo tempo é um lado fundamental da vida dos humanos. Não podemos pensar que a internet pode ser o lugar livre dos condicionamentos do mercado. O mercado faz parte da nossa vida. Na internet o mercado está presente, desde o mercado livre de troca até o mercado de consumo... tem de tudo. E qual é a diferença entre essa e a mídia do passado? A diferença é que hoje temos consciência disso, e quanto mais acesso tivermos a informações de várias naturezas, melhor poderemos nos defender e com muito mais armas do que na sociedade anterior, já que podemos saber o que o poder central ou os *lobbies* estão organizando. E há ainda a questão da manipulação que, se de um lado é mais fácil, por outro ela pode ser rastreada... pelos dois lados.

Aí voltamos à educação. Se a internet, se as redes, se os computadores se tornarão as arquiteturas das novas universidades, teremos mais chances de fazer desse novo social, digital, um social melhor do que o presencial. Por isso volto ao discurso da extensão. A extensão digital dá à universidade um novo papel ao lado de difusor de informações e conteúdo. Obviamente, pensamos que no interior do Acre, de Roraima, dos rincões mais distantes do mundo, onde até o deslocamento, por motivos geográficos, é complicado, onde não existe escola alguma, colocar cursos *on-line*, colocar Moocs ou aulas *on-line* com monitor presencial para favorecer o debate, a discussão, que acompanhe de uma forma mais eficiente o aluno, é algo revolucionário, possível e fácil. O custo disso é zero. O problema não é o dinheiro. O problema da educação no Brasil atual não é de verba. Quem fala isso está mentindo. A questão são os interesses que estão em jogo. Em uma sociedade de mercado, desde que os burgueses iluministas foram ao poder, cada um briga legitimamente pelos seus interesses. A sociedade de contrato social que funda as democracias modernas é uma sociedade conflitiva em que todo mundo tem o direito de brigar legitimamente, disputar reputação e poder a partir do seu ponto de vista. Que a universidade particular tenha esse interesse, é ótimo e legítimo. Qual é o interesse da universidade pública? É difundir esse conhecimento para todos. E difundir para todos um conhecimento de qualidade. Vamos ver se o aluno prefere fazer um curso *on-line* gratuito na USP e se diplomar ou pagar R$ 1.500,00 para fazer um curso presencial em uma universidade particular. Acho que temos o dever de oferecer uma alternativa para os alunos e que o digital é essa alternativa. Essa forma articulada de ensino-pesquisa-extensão é extremamente estimulante porque vai aumentar a responsabilidade da universidade pública em relação à educação do país. Naturalmente existem várias modalidades, como cursos totalmente *on-line*, semipresenciais etc.

Mas hoje temos tal necessidade de contínuo aprimoramento de informações que não conseguimos acompanhar o ritmo das transformações e modificar os conteúdos dos nossos cursos com a rapidez necessária. Muitas vezes precisamos de um tempo de maturação para fazer isso. Com os Moocs, porém, temos a possibilidade de aprimorar o conteúdo, acompanhando com mais facilidade o ritmo das transformações, para alcançar o país inteiro. É interessante porque o perfil da grande maioria dos usuários e dos inscritos nos Moocs, em escala mundial, é de professores ou de profissionais com um nível escolar bem alto. Exatamente por isso, os Moocs não devem substituir os cursos tradicionais, mas aprimorar pessoas que já têm um conhecimento avançado para se aperfeiçoarem em temáticas específicas, sobre as quais nem sequer existem cursos ainda, porque são muito ligados às recentes mudanças e às transformações contínuas. Esse é um outro papel dos cursos de extensão que a universidade pública teria: aprimorar, aperfeiçoar o conhecimento dos professores que já estão dando aula nos níveis fundamental e médio, fazendo desse aperfeiçoamento uma atividade permanente. E a custo zero, volto a dizer. Custo zero porque a USP já tem a infraestrutura necessária, é só utilizá-la. Os funcionários já são pagos todo mês por ela. Então, objetivamente hoje o custo é zero ou quase zero. Com custo zero, a USP ou outra universidade pública poderia montar Moocs de aprimoramento, cursos específicos de aprimoramento de professores do ensino público. Isso já melhoraria muito a qualidade do ensino.

Em segundo lugar, além desse primeiro aspecto, relativo à inclusão de setores da população que não têm acesso à universidade, é possível, também, por meio da digitalização, criar diálogo muito mais próximo com a sociedade, como cursos de educação para o empreendedorismo, sobre culturas populares, economias colaborativas, enfim, todos os tipos de conhecimento que estão surgindo. A ideia, então, é reunir isso, disponibilizar e distribuir à sociedade. Ao mesmo tempo, uma vez que se aproxima dessa maneira a universidade pública da sociedade, esse fato vai criar tal sinergia que a mesma sociedade vai pedir outras coisas à universidade, tornando-se, portanto, um tipo de relação muito mais próxima.

O único motivo que me prende hoje à universidade, que justifica minha permanência na universidade é o fato de ela estar caminhando nessa direção. Se a universidade não fosse para essa direção, provavelmente eu me desligaria dela. O que hoje chamamos de universidade são as redes digitais. As redes hoje são as verdadeiras universidades e a inteligência coletiva do mundo.

A universidade como a conhecemos e que chamamos como tal, que ainda não é uma rede digital, ecossistema distribuído de inteligência humana e artificial, mas apenas uma rede de conhecimento humano, segue o destino dos mosteiros. Na Idade Média, os mosteiros foram os principais centros de produção de conhecimento da Europa, mas só o clero tinha acesso a eles. A população não tinha acesso a bibliotecas. Nessas bibliotecas eram guardados e traduzidos os livros gregos, os livros da tradição clássica que foram a base da tradição do conhecimento ocidental. A maioria das grandes cidades europeias de hoje se desenvolveu ao redor de alguns desses mosteiros. Hoje, tais mosteiros são lugares turísticos. Pode-se passar um final de semana para conhecer a arquitetura deles, visitar suas bibliotecas, onde ficam guardados ainda originais de obras clássicas, sentir aquela aura típica de um lugar de silêncio, de meditação, mas eles não ocupam mais um papel central na sociedade. A universidade, como nós a conhecemos, passará pelo mesmo processo. É inevitável. Hoje, as universidades, o verdadeiro lugar de produção de conhecimento e inovação, são as redes ecossistêmicas de interação de inteligência humana e artificial.

Lemos – Um comentário – e ao mesmo tempo uma crítica – que acho importante sobre a universidade brasileira é como ela deixou de exercer um papel cultural no Brasil. Por exemplo, a universidade é totalmente divorciada da maior parte das cenas culturais que estão acontecendo, das novas culturas que são efervescentes. Nos Estados Unidos, a universidade tem o famoso *college rock*, o *rock* feito nos *colleges*, que é fomentado pelas universidades locais. A universidade é o local onde há formação teatral, onde grupos de teatro surgem, grupos de pesquisa cultural. Nos Estados Unidos, onde não há Ministério da Cultura, a universidade assumiu praticamente as funções de um Ministério da Cultura. No Brasil, isso é algo que me impressiona, como se perdeu esse papel da universidade como plataforma e barômetro cultural. Toda universidade tem auditórios. Esses auditórios são subutilizados e, muitas vezes, não dialogam com as comunidades onde as universidades estão inseridas. Então, acho que há muita coisa culturalmente importante acontecendo no Brasil e a universidade podia ser um catalisador, um mediador dessas cenas, ajudando a impulsioná-las.

Uma pena que esse "divórcio" tenha ocorrido. A universidade já teve esse papel em alguma medida nos anos 1960 e 1970, ela já foi responsável pela formação de circuitos de música, e não só, de todas as artes. Hoje a universidade se relaciona com a cultura, mas sua visão é institucional. Então, existe música na universidade, mas é a música acadêmica. Há música experimental na universidade, que é extremamente interessante, mas é divorciada do público: é feita de acadêmicos para acadêmicos. Esse padrão se repete não só na música como em várias outras emanações artísticas que acontecem dentro da universidade. Esse divórcio entre a academia e o tecido cultural mais amplo é sintomático. Como disse, esse fato também é ponta de lança para mostrar que há um divórcio entre vários outros aspectos da academia e da sociedade, que seguem esse mesmo padrão. Porque, se não fazemos parte do tecido cultural mais amplo, quer dizer que não estamos fazendo parte de outras coisas que são igualmente fundamentais e centrais. É aspecto que merece reflexão.

Outra coisa importante é a questão do ensino fundamental. O ensino universitário é crucial, mas o ensino fundamental também vai ser transformado pela tecnologia. E a respeito disso, acho muito interessante ver, por exemplo, a relação de crianças com os celulares e os *tablets*. Não tem nada que criança goste mais hoje do que um *tablet*. Ele virou o brinquedo "essencial". Dá para fazer um experimento: deixe numa sala um carrinho, um boneco de madeira e um *tablet* e coloque a criança nesse espaço. Qual objeto ela vai se interessar mais? O *tablet*. Tem alguma coisa ali que fala para o espírito humano que aquele é um objeto interessante, que chama mais atenção. Essa relação entre crianças e tecnologia também gera pânicos morais. Vejo, por exemplo, muitos pais dizendo: "Quero que meu filho brinque com pião, com brinquedo artesanal. Não vou dar nenhum *tablet* para ele até ficar mais velho". Essa postura deve ser elogiada pelo romantismo, mas é equivocada. Mas isolar a criança de uma realidade que hoje é inelutável não faz sentido. É lutar contra o terremoto de Lisboa. E ressalto aqui que não há nada contra pião e brinquedos tradicionais, eles têm que ser usados.

Di Felice – Tipo revólver...

Lemos – Tipo revólver de brinquedo e outros brinquedos semelhantes, que também não podem ser ingenuamente considerados como tabu. Mas o que acho importante é que o *tablet* em si não é o problema. A questão é qual o conteúdo dentro do *tablet* que os pais vão trabalhar com seus filhos. Muita gente tem pavor do *tablet* em si e diz: "Não, não pode". Esses pânicos morais são comuns. O cinema enfrentou pânicos morais muito grandes, também a televisão. Dizia-se que a televisão fazia mal, que emburrecia as pessoas. Aí depois os *games*: os *games* são violentos, então as pessoas vão ficar violentas por causa disso. E agora os *tablets*, especialmente com crianças: "Não, não pode usar o *tablet* porque a criança precisa se sociabilizar e ele vai deixá-la muito presa ao universo digital".

Apesar desses debates, que continuam, acredito que o *tablet* tem uma oportunidade de entrada no universo da educação básica que não pode ser desprezada. E é tarefa das escolas e dos educadores pensar como essa inserção deve ser feita, para não acontecer um divórcio entre o *tablet* e a escola, entre a vida digital do presente e do futuro e a escola. E, não nos esqueçamos de que o *tablet* está chegando rapidamente à base da pirâmide social. Como estávamos discutindo, ainda não é um fenômeno ao qual todo mundo tem acesso, mas há uma tendência clara de preços mais baixos e democratização do seu uso. E *tablets* muito baratos, de marcas desconhecidas, fabricados na China, estão chegando a muitos lugares, inclusive lugares muito precários, onde a vida das pessoas carece de serviços públicos e várias outras melhorias fundamentais. Esse é um fenômeno global, que vai desde às favelas brasileiras, passando por grande parte dos países africanos e do sul da Ásia.

Há uma tendência hoje de que o *hardware* se transforme em *commodity*. Hoje há *tablets* sendo fabricados na China por US$ 12,00. Há a possibilidade de que por conta das economias de escala na produção de *hardware* em breve estaremos diante de ofertas como: "Compre um filme e ganhe o *tablet* para assistir a ele".

Di Felice – Como aconteceu com o telefone celular.

Lemos – Exatamente. "Compre um livro e ganhe um *tablet*."

Di Felice – A ideia é que você acessa o conteúdo e paga por ele.

Lemos – Exatamente. Você compra o conteúdo e ganha o aparelho. É provável que isso não demore a acontecer. Então, acho que nessa discussão é importante também lembrar como vamos inserir tecnologia no ensino fundamental, na alfabetização. Porque do ponto de vista econômico, pode ser uma oportunidade. Hoje é muito claro que é crucial amparar a criança nos momentos iniciais do seu desenvolvimento, o que gera um impacto social positivo grande. A partir daí, já começa outro momento crítico para a educação se iniciar quando a criança continua a se desenvolver. Esse momento também pode ser impactado positivamente por tecnologias de baixo custo.

Brasil, direitos e sensorialidade:
O *futuroje*

Lemos – Outro tema que merece reflexão, como você falou já várias vezes, é o papel que o Brasil tem e que é extremamente importante neste contexto do mundo em que estamos vivendo. Primeiro em comparação com os outros Brics.* Se você for pensar a Rússia, a Índia e a China...

Di Felice – O Brasil é mais simpático.

Lemos – Sim! Não só é um país simpático, festivo, como é o único que tem um compromisso com uma rede, uma internet que deve que ser livre. Um país em que a democracia e a liberdade de expressão são princípios constitucionais, em que não há uma tentativa do governo, por razões várias, de controlar de cima para baixo o que está acontecendo nas redes. Em uma comparação com os outros Brics, o Brasil é singular. Não podemos nos esquecer de experiências muito bem-sucedidas no Brasil, como o Marco Civil da Internet,**

---

* Agrupamento econômico formado pelos países emergentes conhecidos como os "cinco grandes": Brasil, Rússia, Índia, China e Árica do Sul. (N.E.)

** Lei n. 12.965, de 23 de abril de 2014, que visa regular o uso da internet no Brasil pelo estabelecimento de princípios, garantias, direitos e deveres dos usuários da rede, e pela definição de diretrizes para a atuação do Estado, prevendo não apenas que é a experiência de se criar uma lei colaborativa escrita pelos próprios usuários, pelos próprios participantes e que teve êxito ao ser aprovada pela Câmara. Fui um dos arquitetos desse projeto e participei ativamente do seu desenvolvimento por anos. Nesse momento de escândalo de espionagem é curioso observar que a principal resposta ao caso **Snowden**, o Marco Civil da Internet, não foi concebido pelo governo, mas pela sociedade. A principal lei discutida no Congresso Nacional que toca nos pontos-chave que estão sendo debatidos com relação aos escândalos de espionagem no Brasil é uma lei que não foi redigida pelo governo. Foi originada, proposta e redigida pela sociedade, por meio de um projeto colaborativo que aconteceu na internet e também fora dela. Tudo isso é muito singular e aponta para um novo tipo de democracia, mais aberto e ampliado pela tecnologia. Precisamos de um governo que perceba o imenso potencial dessas ferramentas e de criar novos canais de participação para o povo brasileiro.

Di Felice – Pelo que acompanhei, o governo atrasou muito a aprovação do Marco Civil. Há certa displicência explícita... De um lado, a efervescência, a qualidade de produção da sociedade brasileira que, por meio das redes, se organizou e produziu uma proposta horizontal interessante; do

---

responsabilidades civis como também liberdade de expressão e transmissão de conhecimento. (N.E.)

outro, o governo, que atrasou o processo e agora, sem senso de oportunidade, aprova com importantes modificações, num momento de crise, de forte ameaça de protesto por parte dos movimentos em redes...

Lemos – Exatamente. E é um atraso de 15 anos. Os Estados Unidos aprovaram em 1998 a agenda que previa a busca de uma base legal para a construção da inovação na internet, e o Brasil deixou de aprovar. Então, não é por acaso que o YouTube, o Facebook, o Myspace antes deles, e vários outros *sites* que foram inovadores, surgiram lá. Porque, se tivessem surgido no Brasil sem um alicerce legal, teriam sido simplesmente destruídos – e legalmente –, porque não havia base legal para isso acontecer. Então, acho que essas experiências inovadoras estão acontecendo aqui. Gosto muito daquela frase do **William Gibson**, que diz: "O futuro já está aqui. Só é mal distribuído".

A meu ver, o Brasil é um dos lugares onde há mais futuro. A quantidade de futuro que nos coube é elevadíssima em relação a outros países. E deveríamos aproveitar esses elementos de futuro que já vivemos como nossa realidade presente, desde componentes raciais até a diversidade religiosa, a diversidade de visões de mundo, a multiplicidade de povos e de modos de vida que o Brasil tem e o potencial que temos, inclusive da herança ibérica, que nos catapulta a uma posição importante para proporrmos soluções para problemas contemporâneos. Na verdade, e isso que me deixa chateado, o Brasil está perdendo algumas oportunidades de liderar essa discussão. Se o Marco Civil tivesse sido aprovado mais cedo, o Brasil seria hoje o líder mundial na questão da governança da internet. E durante a década passada, perdemos outras 300 oportunidades. São oportunidades que vão surgindo a todo momento e vão sendo sistematicamente perdidas.

Di Felice – Pela efervescência da sociedade brasileira e pela incompetência dos representantes.

Lemos – Exatamente. Então, me empolga muito o papel que nós temos ainda a desempenhar. Acho que é um papel que traz responsabilidade. O Brasil, enquanto o país da festa, da efervescência, o país em que a cultura atua em primeiro plano, o que nos dá maleabilidade e adaptabilidade constantes. Li certa vez uma frase sobre a universalização do sistema educacional que era assim: "O sistema educacional brasileiro é especializado em retirar tudo o que temos de mais brasileiro dos brasileiros que passam pelo sistema" – no sentido de que a criatividade, a flexibilidade, o pensamento fluido, o domínio corporal, tudo isso vai se perdendo ao longo do processo de formação acadêmica.

Di Felice – Existe provavelmente uma causa precisa para esse aspecto do sistema educacional brasileiro: aqui, a universidade foi construída pela Igreja católica. Num contexto histórico e filosófico preciso, no qual se considerava necessário evangelizar os povos nativos e civilizar as populações locais, levando a mensagem cristã para todos.

Um outro aspecto é relativo a essa distância entre universidade e sociedade a que você fez referência há pouco, Ronaldo, a qual deve provavelmente estar relacionada com a qualidade cartesiana, isto é, idealista e conceitual, do tipo de conhecimento produzido pelas universidades europeias e que hoje contrasta com a multissensorialidade dos nativos digitais. Aí tem uma grande...

Lemos – Aí tem uma palavra-chave.

Di Felice – Porque a introdução de tecnologias digitais desde o ensino primário, como foi feito no Canadá e em outros países, significa a possibilidade de uma criança desenvolver processos de conhecimento multissensoriais. É uma emancipação. A raiz católica do ensino reproduz um tipo de conhecimento castrador, isto é, o catolicismo proibia os prazeres, proibia ao corpo o conjunto de suas funções. A tecnologia do digital permite hoje uma emancipação do corpo e a transformação da sensorialidade, possibilitando o acesso ao conhecimento por múltiplas ações sensoriais e não somente pelo *cogito*. Aí a transformação que a tecnologia produz na sensorialidade é explícita e visibilíssima no *touchscreen* do *tablet*. Essa associação que fazemos através do gesto da ampliação dos dedos, aumentando as imagens, por meio de uma atividade tátil, é o desenvolvimento claro de outra espécie de sensorialidade que cria um outro tipo de agenciamento, uma forma nova e inovadora de relações entre o olhar e os dedos. Nós podemos hoje, pela tecnologia, aumentar nossa percepção do olhar movendo os dedos. Associar esses movimentos à vista é um novo tipo de sensorialidade, tátil, uma *visão tátil*, que antes não existia e que a tecnologia está desenvolvendo, entre outras coisas. Então, as crianças que hoje ingressam na escola são antropologicamente distintas das gerações anteriores e isso por um conjunto de motivos. Adquirem informações pela leitura, pela oralidade, mas também por um movimento diferente: devem mover os dedos, de outra maneira não aprendem. Estamos perante uma transformação antropológica que a escola e a universidade não estão levando em conta. E a grande transformação se refere à sensorialidade. Devemos, então, pensar num tipo de conhecimento multissensorial.

Aqui eu gostaria de destacar uma coisa. Geralmente se faz a contraposição entre teste escrito e digital... E penso que a regra do McLuhan, do fato de que cada inovação tecnológica e comunicativa modifica, retraduz outra de forma diferente, é uma coisa interessante no sentido de que cada inovação tecnológica não vai substituir a outra. Por exemplo, para o tipo de conhecimento analítico aprofundado, a leitura provavelmente é a melhor forma. Se eu quero desenvolver um livro como este sobre a interação com o meio ambiente na era da informação e pensar como é a relação entre indivíduo, tecnologia, informações e território, torna-se indispensável ler Heidegger, e fazer uma interpretação do *habitar*, vejo qual é o conceito de ecologia, de ecossistema. Por meio da leitura, consigo desenvolver isso nesse formato e acho que é uma contribuição. Agora, se eu quero fazer isso com uma interação, com Moocs, com uma interação de informações *on-line* disponíveis, com vídeo, com hipertexto, vou produzir outro tipo de informação. O grande privilégio de nossa época é que podemos nos deslocar entre esses diversos tipos de arquitetura cognitiva, com diversos tipos de interações, diversos tipos de experiências.

A escola deve educar a multiplicidade sensorial e não a monossensorialidade como até agora fez, acentuando somente a oralidade e a escrita. A oralidade e a escrita são fundamentais, são muito importantes para desenvolver no cérebro alguma forma de estudo e aprofundamento analítico que só a leitura pode dar, mas não são mais suficientes. É preciso expandir o universo da educação e até questioná-lo e repensá-lo, introduzindo outra forma cognitiva que as tecnologias digitais podem nos dar. Nesse sentido, a multissensorialidade que as tecnologias digitais produzem no conhecimento é outro motivo, a meu ver, que pode acabar com esse afastamento progressivo da universidade, das escolas e do conhecimento monossensorial, abstrato, idealista, platônico e ligado à leitura para abraçar esse outro tipo de conhecimento que as novas gerações naturalmente desenvolvem, ou seja, o conhecimento virtual do corpo inteiro, sem obviamente perder o outro, mas expandindo-o. Até nisso o Brasil é um lugar privilegiado. Porque, de fato, como você, Ronaldo, destacou muito bem, o que dá ao país a sua especificidade no mundo são muitas dessas narrativas a respeito do Brasil, isto é, as narrativas das ruas, dos corpos, da música, do gingado, enfim, de um conjunto de características que só o Brasil tem, pela sua história e pela sua forma. E que a escola não contém e recusa.

Lemos – E quando você mistura isso com a tecnologia, acontece uma explosão, que é o que já presenciamos. É só ter generosidade para olhar e perceber. São realmente impressionantes as cenas culturais brasileiras que estão no YouTube hoje. Há, por exemplo, uma onda nova de tecnobrega pernambucano que ainda nem tem nome. Seria talvez um "prog-brega", um brega progressivo – nem sei como chamar. Ele tem uma batida quebrada e complexa, um estilo vocal completamente agressivo. É radical – uma radicalidade de massa, uma radicalidade que está falando para milhões de pessoas. E é algo que emergiu desse caldeirão em que estamos vivendo. Esse choque e mesclagem que a tecnologia acelera entre as cenas culturais *globoperiféricas* – termo que uso para descrevê-las – são muito impressionantes. Não é só no Brasil que isso está acontecendo. Encontramos cenas *globoperiféricas* maciças em todos os lugares: na África do Sul, encontramos o *kwaito* e o *shanghaan eletro*; na Costa do Marfim, o *coupé decalé*; no Suriname e em Roterdã, cidade portuária, cenas como o *bubbling*; no norte da África, o *rock tuareg*, que é compartilhado por *bluetooth* nos celulares em entrepostos comerciais. Então, isso que está acontecendo não é um fenômeno só do Brasil. O que está acontecendo é uma conexão global em que as periferias se interligam sem passar pelo centro. A novidade está na velocidade em que isso agora acontece. Essas novidades sempre aconteceram, basta pensar na diáspora africana e em como ela influenciou as cenas culturais que vão de Bristol, na Inglaterra, até a Colômbia atlântica com Barranquilla e Cartagena, e até o Rio de Janeiro. Tem uma África negra que influencia todo o Atlântico, chamada de Atlântico Negro por **Paul Gilroy**. Essa "rede" diaspórica cria uma espécie de *continuum* para todas essas cenas. Mas existe agora um *continuum* digital que faz com que essas periferias estejam conectadas umas com as outras. Só para dar um exemplo, um *hit* brasileiro, que é a música "Alô tô num bar", um *forronejo* brasileiro, virou *hit* do carnaval de Barranquilla, na Colômbia, alguns anos atrás, sendo regravada como "El celular" por artistas locais de Champeta. Ninguém viu isso na televisão ou no rádio. Os colombianos acharam a música no YouTube e concluíram: "Poxa, essa música é legal, vamos regravá-la em ritmo de champeta", que é uma cena musical da Colômbia atlântica. Fizeram o nosso forronejo virar champeta na Colômbia. Esse tipo de prática não é exceção, é regra.

O que está acontecendo agora é que o processo de criação cultural se descentralizou em todas as áreas. Essas culturas estão emergindo pela internet. As conexões são diretas entre elas, sem passar pelo centro, sem ter filtro, sem ter mediação e aí é só olhar, por exemplo, a forma como foi composto o *hit* do Michel Teló, o "Ai, se eu te pego", que é muito interessante. Um grupo de garotas foi de férias para os Estados Unidos, começou a cantar essa brincadeira do "Ai, se eu te pego"; um ano depois, elas foram para um *resort* em Porto Seguro, cantaram essa brincadeira por lá e uma animadora do *resort*, Sharon Menezes, ouviu. Ela já trabalhava identificando *hits* potenciais, e chamou um parceiro para escrever o restante da letra junto com ela. A partir daí um DJ de Pernambuco modificou o ritmo e a configuração da música, vários artistas começaram a gravá-la, até que o Michel Teló finalmente gravou e estourou com ela no planeta todo. O balanço final são vários processos judiciais, com cada um tentando dizer que é o autor de uma parte da música. O que chama a atenção aqui é o processo coletivo de criação do *hit*. Em casos de sucesso como esse, há depois o esforço de se definir a "propriedade", o direito autoral sobre a criação e repartir o resultado econômico dela. Mas na maior parte dos casos, isso nem acontece.

Di Felice – Isso acontece também pelo processo de produção de objetos que têm componentes de vários países: um pedaço é feito na China, outro na Coreia, outro em outro lugar ainda, e depois eles são montados num outro país. Como a legislação muda de país a país, fica difícil estabelecer a autoria definitiva. Essa é a lógica reticular *versus* a lógica sistêmica. Acho, porém, que uma coisa que cabe também é refletir, dialogar sobre como ler a inovação, evidenciar como ela nasce... Acho que a mesma lógica centro-periferia provavelmente, como você já apontou antes, é uma lógica muito sociológica e muito urbana. O centro e a periferia. E acho que a inovação historicamente está sempre ligada à periferia. Escrevi num livro* uma introdução intitulada "Extra-muro: Os espaços não convencionais da transformação social", na qual analiso a história da passagem do mundo feudal para o mundo moderno por intermédio da figura do burguês. Os burgueses eram assim chamados porque compravam e vendiam mercadorias na sociedade feudal e, geralmente, eram os únicos que tinham ingresso nas cidades para vender suas mercadorias. Muitas vezes ficavam para dormir nos burgos, isto é, fora dos muros, na periferia da cidade, daí o nome que receberam. Foram eles que abateram o sistema feudal e criaram a sociedade industrial. Esses processos que você está descrevendo, Ronaldo, são muito parecidos. Isto é, a lógica da inovação sempre é uma lógica transgressora e, portanto, remete a um tipo de experiência

---

* Di Felice, Massimo; Torres, Juliana Cutolo e Yanaze, Leandro Key Higuchi. *Redes digitais e sustentabilidade: As interações com o meio ambiente na era da informação.* São Paulo: Annablume, 2012. (N.E.)

de vida intensa e fora do comum, fora do convencional. As redes digitais multiplicam isso, porque tudo o que fazemos nas redes é esse convite contínuo a sair de nós mesmos, de nossa condição, de nosso círculo de conhecimento, dos nossos valores e buscar outras coisas. A navegação é uma forma contínua de procura de informações até de maneira compulsiva. Mas é um fato: criou-se provavelmente um tipo de tecnologia que é perfeito para a inovação. Contudo, essas práticas de inovação esbarram no mundo antigo, indo de encontro ao governo, à política, à universidade, às instituições, à escola, a tudo que nos aprisiona hoje. E nos aprisiona não somente fisicamente – isso seria o de menos –, mas também mentalmente. Faz com que não consigamos usar o computador de modo criativo e continuemos utilizando somente para coisas menos importantes. Obviamente isso está se transformando, mas é o mesmo processo que nos paralisa de tal modo que, no lugar de transferirmos o conhecimento *on-line* que hoje existe no Brasil e abri-lo para todos, estamos pensando se no computador uma aula a distância é inferior ou de pior qualidade comparativamente à presencial. O problema é, de fato, conceitual. Aí, não estamos desenvolvidos, estamos desenvolvendo. É justo dizer isto, que estamos desenvolvendo. Provavelmente, estamos precisando de tempo para buscar conceitos e categorias para interpretar o que está acontecendo e dar novos nomes a novas coisas. Porque um celular não é um simples objeto, mas uma forma de organizar, de ter acesso a informações, de se conectar... É complexa a relação que temos com esses tipos de coisas que não são apenas "coisas". Então precisamos começar a criar novas filosofias. Sempre digo que há poucos filósofos no mundo digital. Isso também é importante porque só vamos conseguir ter essa nova visão e avançar de maneira mais inovadora se começarmos a criar novas palavras. Para criarmos novas palavras, precisamos de novos conceitos. Para termos novos conceitos, é necessário pensarmos sobre isso. Então, uma coisa que está acontecendo e me preocupa é que os nativos digitais, por culpa da escola, dos pedagogos, da instituição clássica, estão desenvolvendo naturalmente, com todo o direito, certo desafeto para com a cultura clássica. Esse é um dado preocupante porque todo aquele processo de transformação e inovação deve também se produzir a partir dos processos anteriores, não deve ser apenas evolução ou ruptura. Pensar que o mundo surgiu hoje me parece um perigo muito grande. O problema é das escolas que não estão querendo e não estão sabendo dialogar com tamanha transformação que estamos vivendo. O problema é sério porque provavelmente vamos ter uma geração nova que não vai ter acesso a conteúdos importantes.

 Uma iniciativa que tomamos em novembro de 2013 aqui no Brasil foi o congresso sobre net-ativismo, um simpósio internacional com representantes de vários países (Brasil, Portugal, Espanha e França), resultado de uma pesquisa que já estávamos fazendo há três anos... E foi inaugurado o Observatório Internacional sobre o Net-ativismo para que ativistas de movimentos e pesquisadores se reúnam sistematicamente para dialogar, tentando oferecer a esses movimentos a possibilidade, como você dizia, Ronaldo, de ter um espaço de aprofundamento teórico. Acho que uma das coisas que a universidade pode oferecer à sociedade é o método de conhecimento e o acesso à informação histórica e às teorias. Porque muitas vezes, como acontece com frequência nesses movimentos, há uma boa prática, grandes discussões, mas faltam embasamento e reflexões. Por exemplo, quando se fala em democracia, existe uma longa história que precisa ser conhecida, a respeito da qual é necessário favorecer o estudo e não apenas diálogo. Certa vez, convidei para minhas aulas vários grupos interessados no assunto, como o pessoal da Matilha Cultural,[*] da mídia ninja ou mesmo o pessoal do Circuito Fora do Eixo, entre outros. Vieram vários grupos... Os alunos precisam refletir sobre tudo isso, dialogar com pensamentos diferentes e, ao mesmo tempo, os movimentos precisam refletir com seriedade sobre teorias e sobre suas práticas, aproximando-se da pesquisa e do estudo. Devemos tentar reverter essa situação e fazer com que esse diálogo, entre movimentos e universidade, aconteça e seja fértil. A universidade também precisa aprender com todos

---

[*] Centro cultural independente e sem fins lucrativos localizado em São Paulo, SP. Fruto do ideal de um coletivo formado por profissionais de diferentes áreas, busca apoiar e divulgar produções culturais e iniciativas socioambientais. (N.E.)

esses movimentos. Eles têm uma capacidade de inovação, de articulação, que ela precisa aprender. Ao mesmo tempo, a universidade deve se tornar mais contemporânea, oferecendo para seus alunos um lugar onde eles possam desenvolver um conhecimento mais analítico, que fale a respeito do mundo de hoje e não apenas a respeito do passado.

Lemos – É curioso. Isso que você está falando, Massimo, é importante e é preciso criar esses canais de mão dupla, porque a universidade tem uma coisa surpreendente: ela abraça as vanguardas, mas abraça-as de maneira estática. Um dos meus passatempos prediletos é ficar procurando coisas, por exemplo, no Google Scholar, que é o mecanismo do Google que pesquisa materiais acadêmicos. Já encontrei trabalhos muito interessantes e diversos por lá, que falam do *heavy metal* no interior do Brasil ao *black metal* em nosso país, trabalhos focando a cultura *StraightEdge* e outros grupos e subculturas urbanas. Essas cenas são mapeadas muito rapidamente dentro da universidade, que acaba funcionando como antena sobre elas. Mas seu impacto fora da universidade é muito pequeno. Na maioria dos casos isso não é lido fora da academia. Parece que a universidade fica separada por um grande vidro através do qual enxerga esses movimentos que estão acontecendo fora dela, mas o movimento não é de mão dupla. Ampliar o alcance dessa produção de vanguarda sobre temas extremamente interessantes que, às vezes, nem a mídia consegue identificar com a mesma velocidade ou profundidade é um objetivo importante. Mais do que isso, a universidade poderia também acolher e fomentar diversos movimentos culturais, cedendo-lhes espaço ocioso, tempo e um território de conversas e de interação. Acredito que os protestos que o Brasil atravessou em 2013 geraram discussões que poderiam ter acontecido dentro das universidades, de modo a agregar as visões, construir algo a partir dali, mapear as diferentes opiniões. Mas isso não aconteceu.

Di Felice – Acho que aconteceu nas universidades, mas nas novas universidades, que são as redes; não aconteceu nas velhas.

Lemos – Mas é isso que acho importante. As universidades precisam virar mais redes. A universidade, tal como a entendemos tradicionalmente, tem que se tornar mais porosa. Falta-lhe porosidade. O que existe hoje é o "bibliotecóptero", para usar o termo de **Fausto Fawcett**: o indivíduo entra na academia e passeia a uma grande altitude sobre o mundo real, sobre o que está acontecendo lá fora, mas a sua visão é matizada pela janela do "bibliotecóptero". Acho importante acabar com isso. A universidade deve ser porosa, seus alunos têm que ser participantes, atuantes, têm que imergir nos temas sobre os quais trabalham.

Di Felice – Tanto isso é verdade que o grande elemento, claro, também o único social que existe hoje é o social das redes.

Todas as instituições que não estão na rede estão fora do social. Isso é um elemento importante a se pensar. Falo da economia, da política, da transformação, da arte, da cultura. Para que algo seja inovador, para que algo seja produzido num processo de transformação, deve estar em rede. E não é somente a presença digital, mas a sua própria articulação deve ser em rede. Deve ser o resultado de um processo colaborativo. De um processo que expressa uma inteligência coletiva e uma inteligência conectiva, não apenas a inteligência de uma elite. Os dois sentidos. A inteligência coletiva que soma os diferentes saberes e a inteligência conectiva que é o resultado de um processo que se dá por conexões. Não é o resultado, portanto, de um processo idealizado por alguém e depois atuado em etapas, mas é o resultado de um processo que se dá por intervenção contínua, como a música, que se dá por intervenção e aprimoramento contínuo produzindo algo que, no projeto inicial, não tinha sido nem pensado. Estes dois elementos, do coletivo e do conectivo, são uma chave importante para entender a inovação e a transformação do social contemporâneo e para entender a sociedade contemporânea, que é uma sociedade em rede e que se articula, portanto, de maneira bastante diferente daquela descrita pela sociologia do século XIX e do século XX em que se pensava o social do tipo sistêmico.

 A lógica sistêmica entende que a totalidade, composta por partes que se comunicam entre si, é algo maior do que a soma dessas partes. A lógica reticular, ao contrário, é uma lógica sem totalidade e na qual, como diz Bruno Latour, a parte é maior do que o todo porque a parte é constituída de redes de redes que, por sua vez, são constituídas de redes de redes que são mundos. Então, as redes se apresentam como uma complexidade sem totalidade. **Edgar Morin** escreveu coisas muito interessantes a esse respeito. Obviamente existem outros autores que expressam ideias diversas do conceito de redes, como Pierre Lévy e **Michel Serres**. Em seu livro *Filosofia mestiça*, Serres apresenta um excelente conceito de rede, que certamente inspira seus discípulos Latour e Lévy, mas há também a ideia de rede como rizoma de **Deleuze e Guattari**, ou a ideia matemática de rede baseada no conceito de *link* de **Barabási**, até a ideia filosófica da rede como além do homem, inspirada em Nietzsche, ou a ideia sociológica de rede que aparece nos textos de **Castells**, entre outros, para não limitar a ideia de rede apenas àquela do ator-rede de Latour. Mas é nesse âmbito que se encontra a possibilidade de pensar em um tipo de complexidade que é conectiva, emergente, não mais sistêmica. O mundo industrial, o mundo da ciência positivista, produziu representação de complexidades sistêmicas. Essas complexidades hoje não são mais adequadas num contexto de redes. Aí está todo o problema da economia.

Se na educação o problema são os pedagogos, na economia o problema é a concepção simplificada de complexidade, no sentido de que todos os problemas econômicos que hoje enfrentamos não têm origem na economia, mas na informação, no conceito de valor, na transformação do conceito de valor, na transformação da crise do conceito de desenvolvimento. Isto é, não podemos pensar em solucionar problemas de natureza econômica a partir da economia. Temos a necessidade de pensar numa perspectiva não mais sistêmica e mais complexa que nos dê a possibilidade de enxergar as dimensões reticulares não só dos processos produtivos e de valor, mas também a dimensão reticular da construção de um tipo de conhecimento de representação que não é mais ordenado, que não é mais sintético, mas que se abre para interpretações plurais e mutantes.

Lemos – Cabe aqui a discussão sobre espionagem?

Di Felice – Espionagem... o que você quer dizer com esse termo?

Lemos – Bem, um primeiro ponto que acho importante é o seguinte: a internet e tudo isso sobre o que estamos falando estão em permanente evolução, mas a única coisa que impede a internet de ser uma rede de vigilância perfeita é o direito. Pois, tecnicamente, a internet já reúne todas as condições para ser uma rede que permita coletar e analisar toda e qualquer conduta humana no âmbito do indivíduo. Inclusive registrando, armazenando essas condutas e permitindo reconstruir em detalhes, de maneira absolutamente precisa, ações que o usuário fez ao longo de sua vida. Por exemplo, hoje o celular já indica quais os caminhos que seu proprietário percorreu pela cidade.

Essa informação está sendo gravada em vários lugares. E cada vez mais a nossa vida vai acontecer em um ambiente digital. Então, o que pode evitar a possibilidade de uma vigilância perfeita é um sistema jurídico muito robusto que impeça essa linha de ser cruzada. Porque se isso for encarado apenas como uma característica técnica da rede, como algo inevitável, essas informações e essa possibilidade de registro perfeito da história da nossa vida serão gravadas queiramos ou não. Este é um ponto essencial, portanto: a internet é uma grande máquina de vigilância, e cada um de nós deve estar atento a esse ponto e prevenir-se enquanto não houver as garantias fundamentais e legais que a impeçam de ser utilizada dessa maneira. Isso no plano do indivíduo. Desse modo, sou favorável à disseminação de tecnologias antivigilância, como a criptografia e outras estratégias para evitar o monitoramento constante. Mas essa é uma solução precária. É como combater fogo com fogo: usar a mesma tecnologia como forma de mitigar os problemas dela mesma. Melhor seria que a lei propiciasse uma solução coletiva para essa questão.

    Do ponto de vista do Estado e das corporações, ocorre exatamente a mesma coisa. É feito o registro de todas as comunicações de empresas, *e-mails* que circulam, dados que são armazenados e, nesse sentido, os dados são cada vez mais acessíveis e extremamente valiosos para outros governos, como é o caso dos Estados Unidos, da China e de outros países que estão envolvidos em casos que há a coleta, análise e processamento de informações. Nesse sentido, acho que esse é um problema que, do ponto de vista do indivíduo, tem que ser resolvido no plano dos Estados nacionais, por meio da lei. O indivíduo sozinho lutando contra essa questão é praticamente impotente.

E na questão da espionagem global entre países, isso tem que ser resolvido de duas maneiras. Primeiro no plano internacional, acho fundamental que o tema seja debatido nos fóruns globais, mas partindo do pressuposto de que a sociedade civil global tem de estar presente a esses fóruns. Não adianta o governo achar que vai resolver a questão da privacidade simplesmente com uma lei, um tratado ou um decreto, feito de cima para baixo, porque isso não vai acontecer. Para lidar com essa questão, o país inteiro precisa estar envolvido: a academia, engenheiros, o terceiro setor, o setor privado. Então, a solução não virá apenas de medidas tomadas entre governos. A solução precisa ser o que chamamos de multissetorial. O termo em inglês para isso é *multistakeholder*. É preciso envolver os diversos agentes sociais que estão conectados com a rede de maneira ampla e colocá-los juntos com o governo para trabalhar essas questões. De outra forma, esses esforços passam a ser retóricos ou arbitrários.

Diante de um ato muito grave, um ato de violação de soberania nacional, esbraveja-se, mas na prática continua o mesmo vazio jurídico e o mesmo vazio técnico que acaba gerando uma vulnerabilidade muito grande. A meu ver, a questão da privacidade vai ser central para essa próxima década e por talvez ainda mais tempo. E é uma questão que toca nos pilares do estado democrático de direito porque, na medida em que predomina essa ideia de que as liberdades civis são a chave de abóbada da democracia, sem a qual ela não se sustenta, com a certeza de que, se se mexer nela, tudo o mais desaba, precisamos começar a nos preocupar em como traduzir esses direitos para essa nova realidade digital. E detalhe importante: precisa ser uma tradução mesmo. Tradutor e não *traditore*. Tradutor pode ser traidor. A tradução não consiste em simplesmente pegar o que já existe, colocar ali e achar que vai funcionar. Não. É preciso entender os princípios por trás desses direitos e traduzi-los, transformando-os de modo que eles se tornem efetivos nesse novo ambiente digital. Se isso não for feito, tanto os governos e empresas quanto nós, indivíduos, vamos ficar à mercê dessa ideia abstrata e pervasiva de espionagem que pode vir de qualquer pessoa, lugar ou instituição. Pode ser um Estado, pode ser uma empresa, podem ser outros indivíduos. E aí vamos ter que aprender a conviver com esse espião oculto e sempre presente. Do ponto de vista do direito, acho que é um desafio central pensar hoje como traduzir as liberdades civis construídas ao longo de tanto tempo para o universo digital.

Di Felice – Concordo com você, Ronaldo, temos que pensar num novo tipo de direito. O direito público, privado, civil não pode ser transferido para um contexto de rede. Concordo também que há uma batalha jurídica a ser feita, isso é muito importante na esfera nacional também. Mas tenho uma visão distinta em relação ao fato de que a internet possa ser juridicamente controlada. Do meu ponto de vista, acho que seria um problema.

E voltamos à metáfora do dionisíaco, da relação entre a internet e o mundo do caos. Mais uma vez, a análise tecnológica das redes nos permite repensar o estatuto ontológico de algumas categorias. Entre elas, o conceito de público e privado; o conceito de vigilância.

Todos estamos sujeitos a ser vigiados, rastreados por governos, entidades ou pessoas. Mas isso vale também para os governos. Ou seja, vale para todos os componentes de uma rede. Uma vez que a arquitetura tecnológica tem um formato digital, isso permite que toda informação, quando digitalizada, possa ser adquirida e divulgada para o mundo. Isso vale para todos os membros das redes. E nós temos hoje casos exemplares, que nunca aconteceram na história, de violação, de acesso a informações mais restritas dos governos mais poderosos do mundo, como foi o WikiLeaks. Até o Vaticano – o VaticanoLeaks. Isto é, a estrutura mais fechada do mundo foi violada. Os *hackers*, sobretudo brasileiros, cansaram de entrar no *site* da Casa Branca, da CIA. No ano passado, o *site* da Polícia Federal caiu por alguns dias. O presidente da república brasileiro, antes da espionagem dos Estados Unidos, teve seu *blog* copiado e divulgado *on-line* com direito a comentário por um garoto... Todos estamos vulneráveis, ninguém excluído.

Aí é interessante pensar que não há apenas o rastreamento da atividade dos indivíduos, mas também de todos os políticos e das instituições públicas. Estamos caminhando em direção a uma sociedade transparente na qual os antigos conceitos de público e privado já não servem para pensarmos que tipo de relações estamos tendo. O Facebook pode vender minhas informações para empresas. Tudo o que coloco no Facebook, quero colocar publicamente. Todos nós somos pessoas privadas, mas também públicas. Eu sei que o meu nome está lá no meu Facebook e que aquilo que vou publicar é divulgado para todo mundo e pode ser livremente utilizado. Assim, vou escolher, como todo mundo faz, os dados que quero tornar públicos.

Quanto a essa questão da relação entre público e privado, vejo muito mais na perspectiva do **Assange**, quando ele diz que os governos devem temer a rede, não os indivíduos. Vejo a balança muito mais do lado dos indivíduos. Isto é, muito mais um instrumento de controle dos governos e dos poderes fortes por parte da população do que o contrário. Quem deve, de fato, temer esse acesso totalizante aos dados, a todas as informações, são os grandes grupos econômicos, os oligopólios, os poderes políticos. Porque aí a população tem uma grande arma para poder monitorar de fato tudo o que eles estão fazendo.

Outro limite da estrutura, que acho que é um dos grandes desafios que a estrutura jurídica tem em relação à internet, é a aplicabilidade das normas. O controle é quase impossível. Mesmo que concordássemos com o Marco Civil hoje – vamos fazer determinadas leis... –, a transgressão real dessa norma pode envolver uma grande sofisticação e, consequentemente, impossibilitar o controle e a aplicação da lei, assim como a repressão, no caso de sua violação. Lembro-me de algumas entrevistas daquele período de regulamentação e de proibição da atuação das redes, durante a campanha política, querendo impedir que as pessoas pudessem, durante a campanha eleitoral, criar *blogs* ou mandar mensagens contra um partido ou outro. Aí queriam fazer essa lei que proibia esse tipo de manifestação. Mas como se controla um negócio desses? Imagine, lá na Esplanada, em algum ministério, centenas de pessoas na rede verificando se tem alguém postando algo ou algum conteúdo contra algum político... Isso é mais que tudo ridículo. Então, estamos, de fato, perante um grande desafio que as redes nos propõem mais uma vez... Primeiro da mudança do estatuto ontológico de algumas categorias, de significado e de conceito. E, no caso do direito específico, há um desafio enorme de pensar num outro tipo de direito, cuja aplicabilidade é extremamente complexa.

Lemos – Sobre isso, claro que o direito se modifica totalmente. Por exemplo, o direito hoje se embute no código de programação. Quando você escreve um algoritmo ou uma rotina de programação, você está codificando normas ali. Para a questão de direito autoral, isso já é evidente. Quando adquirimos um determinado produto, ele já vem com uma série de permissões, se ele pode rodar nesse ou em outro aparelho. E se tentarmos no outro, a não ser que quebremos essa proteção, não é possível. Então, o direito e o código (no sentido técnico da palavra, de programação) vão se confundindo. Uma coisa interessante que você disse, Massimo, é que o outro lado dessa ameaça à privacidade é realmente a questão da transparência. E há um jeito muito simples de se acabar com a espionagem, que é acabar com os segredos. Será que estamos preparados para viver numa sociedade de transparência radical, na qual nem indivíduos, nem empresas, nem governos tenham segredos?

Di Felice – Mas já não estamos nisso?

Lemos – Estamos caminhando. Acho que o WikiLeaks é um exemplo. Na sociedade de hoje, guardar um segredo é algo muito difícil. No momento em que as pessoas carregam no bolso um *smartphone* com um disco rígido de 16 Gb, com o qual se pode em qualquer lugar copiar informações e coisas do tipo, guardar um segredo fica muito difícil. Assim, protocolos de proteção cada vez mais deixam de ser técnicos e passam a ser sociais. Começamos então a criar barreiras de entrada, *checkpoints*, salas-cofre e coisas desse tipo, não só contra a tecnologia mas contra as pessoas.

Ainda acho que ao indivíduo, toda privacidade. Ao Estado, nenhuma privacidade. Acho que a esfera do indivíduo merece toda a proteção com relação à privacidade. A esfera do Estado, essa nenhuma. Penso que a exposição dos que fazem as contas, as decisões, os gastos, isso tem que ter absoluta publicidade. Não apenas por questão de desconfiança, mas também para compartilhar a responsabilidade com relação à coisa pública. Compartilhar o interesse sobre ela e a possibilidade de participar dela. A questão é como se conjuga essa tendência, que é uma tendência grande de transparência que afeta todo mundo, para preservar a esfera do indivíduo e expor a esfera pública.

E, por fim, a questão de que os governos autoritários também estão aprendendo cada vez mais a usar a tecnologia em prol do autoritarismo. Por exemplo, para espiar os indivíduos. A China e outros países autoritários usam tecnologias de reconhecimento facial para identificar e prender manifestantes. E quando tivermos drones por toda a parte, aviões não tripulados com câmeras, vai ser pior.

Di Felice – Que já estavam nas manifestações de junho de 2013.

Lemos – Exatamente, já estão por aí. Nada impede drones filmando as pessoas em espaços públicos e até dentro de casa. Drone não é apenas um avião, pode ser também um microrrobô que entra pela fresta da porta. Isso, conjugado com *software* de reconhecimento facial em que você vai identificando quem são as pessoas que estão ali, o que estão fazendo, nas mãos de governos autoritários gera ferramentas de repressão, de sancionamento, que nunca foram imaginadas antes. A tecnologia de reconhecimento facial, por exemplo, é inevitável e já está entre nós. A questão é como controlá-la, estabelecer limites. É quase uma briga de gato e rato, porque vemos um governo autoritário prendendo alguém com essas técnicas que a sociedade desenvolve. Daí a sociedade desenvolve contratécnicas que vão proteger seus direitos mais uma vez, e essa sucessão vai ocorrendo. Hoje há roupas e penteados usados para impedir reconhecimento facial e biométrico, inclusive, roupas que impedem que a pessoa seja reconhecida pela assinatura térmica do seu corpo – já que, além de tudo, nosso corpo emite calor, o que permite reconhecimento à distância também. Para evitar reconhecimento pelo formato do seu rosto já existem tipos de penteados que, com uma franja colocada de um jeito diferente, impedem que a pessoa seja reconhecida. Sem falar nas famosas máscaras em debate no Brasil. Tudo isso parece ficção científica, mas quando lembramos que o Brasil começou a pedir dados biométricos para a pessoa votar, não é um tema esotérico. Cada um de nós vai ter sua digital digitalizada para poder votar.

Di Felice – Passaporte também...

Lemos – Então, a partir do momento em que isso começa a acontecer, vamos aumentando as ferramentas de vigilância e essa guerra entre gato e rato. Se essa guerra terá fim ou não, não sei. Se quem vai ganhar são os governos que querem espiar ou os cidadãos que querem ter privacidade, também não sei. O fato é que o direito tem uma função aqui. Apesar de aparentar ser ineficiente, uma ferramenta que soa completamente *old school*, ele nos dá ali, no mínimo, algum alento no sentido de tentarmos reequilibrar situações que podem se desequilibrar muito facilmente.

Di Felice – Acho que é exatamente isso. Quanto à tendência clara desse processo de divulgação e incremento de acesso às informações, vemos um dado crescendo na história da humanidade: da oralidade até o digital, e que teve na eletricidade um grande processo de expansão. Historicamente, podemos dizer, com certa tranquilidade até hoje, que a democracia difundiu e fez cair governos autoritários. Governos autoritários ainda existem, mas a tendência no mundo atual é que eles vão acabando, sejam cada vez em menor número. Esperamos agora que a Síria...

Lemos – Com exceção da China...

Di Felice – Trata-se de um mundo à parte.

Lemos – A China, de tudo o que estamos conversando, é a grande exceção. O sucesso econômico da China e agora sua ambição geopolítica. Isso nos põe em estado de atenção. Porque é a contratendência de tudo o que estamos falando.

Uma sociedade hierarquizada, controlada, filtrada, que quer promover a harmonia, que é o valor fundamental da sociedade chinesa.

Di Felice – Embora seja um quarto da humanidade...

Lemos – Exatamente, é um quarto da humanidade. Eu me lembro de conversar algum tempo atrás, quando eu estava nos Estados Unidos, com um membro do Ministério da Ciência e Tecnologia da China, e discutíamos justamente o salto tecnológico que a China deu e o que o Brasil deveria fazer para alcançar o mesmo resultado. A China hoje fabrica os produtos da Apple e na década de 1970 era um país rural. Pensamos em várias medidas e ações que poderiam ser tomadas, até que, em determinado momento, ele virou-se para mim e perguntou o seguinte: "Quantos anos seu presidente fica no poder?". Respondi: "Olhe, quatro anos e, se for reeleito, mais quatro". "Então, esqueça. Porque para implementar esse salto, é preciso um presidente que fique pelo menos 20 anos no poder". Naquele momento, percebi que não havia mais diálogo, porque o que ele me dizia era: "Olhe, a China deu esse salto porque nosso presidente pode ficar 20 anos no poder". E aí não tem mais conversa. A democracia é um valor fundamental. E o salto econômico da China começou para valer há apenas 30. A democracia tem muito mais flexibilidade para enfrentar desafios.

Di Felice – Não se trata apenas de ficar 30 anos, mas do problema do controle, da violação dos direitos humanos... Aí é outra coisa. A questão se prende mais ao tipo de modelo realizado. O modelo chinês é um modelo não expansível também porque nenhum povo suportaria passar por situações totalmente impensáveis do ponto de vista ocidental. Existem conotações antropológicas, culturais que precisam ser levadas em conta. O povo chinês é um povo muito regrado, acostumado... Há coisas que acontecem na China da época da Idade Média, coisas absurdas... Aquele processo de tirar a casa das pessoas, por exemplo, no qual as pessoas se deixam matar para não deixar as casas e o governo as matam... inclusive ouve uma grande difusão disso nas redes sociais digitais, nasceu um movimento *on-line* muito forte. Então, não é modelo que possa ser reproduzido no Ocidente, nem em outros lugares. Aliás, não me parece que a China esteja se tornando um modelo pelo resto do mundo, mas sim mais o contrário.

Há de tudo neste mundo, mas a tendência me parece inquestionável até mesmo na ex-União Soviética, na Rússia atual, que continua sendo um país extremamente autoritário, onde permanentemente são violados os direitos humanos... Mas existe uma tendência em relação ao passado, com um processo de democratização progressivo.

Então, essa sociedade onde há drones ou formas de controle e reconhecimento facial é a mesma sociedade que leva às ruas uma população inteira. É possível até fotografar todo o mundo, mas vai-se prender todo o mundo? E provavelmente o governo que está naquela sociedade que vai à rua, como é o caso do Brasil, não é mais um governo que pode ter uma postura autoritária. É um governo que lida com leis, com opinião pública organizada, com atores econômicos poderosos. Mesmo aquela tentativa que foi feita aqui no Brasil de criar leis de controle da mídia, como aconteceu na Venezuela e na Argentina, não vingou. Se fosse pelo poder político, teríamos uma mídia controlada, "moral" e "ética". Aqui, é necessário destacar o papel positivo do mercado. Isto é, o controle do governo sobre a mídia sempre é uma forma de censura. A mídia desenvolve tecnologia e possibilidade de compartilhamento de informações e de acesso... mas é ligada às regras do mercado. No caso específico do Brasil, nós temos um mercado monopolizado – um mercado, então, que não funciona como mercado, porque controlado por poucas mãos de um grande poder midiático. A verdadeira alternativa não é o controle do Estado, que é um oligopólio ainda pior, porque de natureza política, mas a alternativa é o incremento do mercado: multiplicar o mercado, fazer, como está acontecendo, com a mídia ninja. A mídia ninja é expressão clara da defesa do mercado contra o monopólio da Globo e dos grandes meios de distribuição da informação, Abril etc. Porque como a mídia ninja produz as informações? Com iPhone, iPad, com tecnologias que são produzidas pelo mercado. Só que produzindo um tipo de informação alternativa à informação centralizada.

Então, o que nos ensina a mídia é que o acesso às informações e sua divulgação sempre foram feitos pelo mercado. Dar um grande poder regulamentador para o Estado inviabiliza o livre acesso às informações. O que o Estado deve fazer é deixar o livre mercado acontecer, portanto, criar formas pelas quais o livre mercado acontece.

Lemos – Só para finalizar: gosto muito de ficção científica. Um autor que especialmente aprecio é o **Vernor Vinge**, que criou o termo "singularidade". Ele fala sobre essas sociedades que ambicionam exercer o controle absoluto. E em seus livros, ele diz "Olhe, essas são as sociedades mais fáceis de serem conquistadas e as mais instáveis, porque elas não se sustentam". Penso que essa é uma lição que merece reflexão diante do que discutimos aqui.

Glossário

Aristóteles (384-322 a.c.): Filósofo grego, figura ao lado de Sócrates e Platão entre os expoentes que mais influenciaram o pensamento ocidental. Defendia a busca da realidade pela experiência e deixou um importante legado nas áreas de lógica, física, metafísica, da moral e da ética, além de poesia e retórica.

Assange, Julian Paul (1971): Programador, jornalista, *hacker* e ativista australiano, conhecido por ser o fundador, editor e porta-voz do *site* WikiLeaks.

Attali, Jacques (1943): Economista e escritor, publicou obras de sociologia e economia, mas também já realizou incursões em outras áreas, como romance, biografia e até mesmo livro infantil. Traduzidas para o português, há obras como *Uma breve história do futuro*, *Os judeus, o dinheiro e o mundo*, *Dicionário do século XXI* e *Karl Marx ou o espírito do mundo*.

Barabási, Albert-László (1967): Físico húngaro-americano, conhecido por suas pesquisas na área de teoria das redes. Foi professor da Universidade Notre Dame e atualmente leciona na Northeastern University, onde dirige o Center for Complex Network. É autor de *Bursts: The hidden pattern behind everything we do* (2010) e *Linked: A nova ciência dos networks* (2002).

Baran, Paul (1926-2011): Juntamente com Donald Davies e Leonard Kleinrock, foi um dos inventores da rede de comutação de pacotes de dados. Graduado pela Universidade Drexel, finalizou seu mestrado em Engenharia pela Universidade da Califórnia, em 1959, tendo começado a trabalhar na Rand Corporation no mesmo ano, onde viria a desenvolver seu projeto de uma rede que resistisse à destruição de pontos de ligação intermediários.

Caldas, Luiz (1963): Cantor e compositor brasileiro. Nascido em Feira de Santana, ainda garoto aprendeu a tocar vários instrumentos enquanto se apresentava com bandas amadoras. Mais conhecido pelos *hits* famosos que lançou na década de 1980, como "Tieta" e "Fricote", foi um dos primeiros músicos a experimentar o estilo conhecido hoje como axé music.

Castells, Manuel Oliván (1942): Sociólogo, lecionou na Universidade de Paris, na École des Hautes Études en Sciences Sociales e na Universidade de Berkeley, entre outras. É autor de grande número de livros, como *A galáxia internet* e a trilogia "A era da informação: Economia, sociedade e cultura", composta pelos livros *A sociedade em rede*, *O poder da identidade* e *Fim de milênio*. Tornou-se uma referência nas áreas de ciências sociais e de comunicação.

Deleuze, Gilles (1925-1995): Filósofo francês, publicou obras de análise crítica sobre diversos pensadores contemporâneos como Nietzsche, Kant e Espinosa. Também são significativas suas intervenções em outras áreas do conhecimento, como atestam seus trabalhos sobre Proust e Sacher-Masoch. Tem diversas obras traduzidas para o português, entre as quais *A dobra: Leibniz e o barroco*, *Foucault* e *Para ler Kant*.

Durkheim, Émile (1858-1917): Teórico social francês, reconhecido como um dos fundadores da sociologia. Em seus estudos, concluiu que, para explicar as taxas de suicídio, era preciso levar em consideração não apenas os aspectos psicológico e pessoal, mas também o social. Suas principais obras são: *A divisão social do trabalho* (1893), *O suicídio* (1897) e *As formas elementares de vida religiosa* (1912).

Eisenstein, Serguei (1898-1948): Renomado cineasta russo, seu primeiro longa-metragem foi *A greve*, de 1924. Entre seus filmes, destacam-se *O encouraçado Potemkin* e *Outubro*. Inovador na técnica de montagem, influenciou grandes nomes da área, como Orson Welles, Brian de Palma, Jean-Luc Godard, entre tantos outros.

Fawcett, Fausto [Fausto Borel Cardoso] (1957): Jornalista brasileiro, compositor, autor de peças teatrais e de livros de ficção. Algumas de suas músicas mais conhecidas são "Kátia Flávia, a godiva do Irajá" (em parceria com Laufer) e "Rio 40 graus" (em parceria com Laufer e Fernanda Abreu). Entre os livros publicados, constam *Santa Clara Poltergeist* (1990), *Básico instinto* (1992) e *Favelost* (2012).

Freire, Paulo (1921-1997): Educador brasileiro, um dos mais importantes pedagogos do século XX, mostrou um novo caminho para a relação entre professores e alunos. Suas ideias continuam influenciando educadores em todo o mundo. Entre suas obras estão *Educação como prática da liberdade* (1967), *Pedagogia do oprimido* (1970) e *Pedagogia da autonomia* (1997).

Galilei, Galileu (1564-1642): Físico e astrônomo italiano, abandonou o curso de Medicina na Universidade de Pisa para dedicar-se aos estudos de matemática, geometria e física e à observação do firmamento. Pôs em xeque os métodos de pesquisa universitária de seu tempo, entrando para a história como um divisor de águas no pensamento científico, por suas descobertas – defesa do heliocentrismo – e propostas para uma nova metodologia científica – laicização do saber acadêmico.

Gibson, William Ford (1948): Escritor de ficção científica, no gênero conhecido como *cyberpunk*. Apelidado de "profeta *noir*", seu livro mais conhecido é *Neuromancer* (1984), em que antecipa alguns desenvolvimentos tecnológicos, como a internet. Outras obras de destaque são *Reconhecimento de padrões, Mona Lisa overdrive, Count zero* e *A máquina diferencial*, esta última em coautoria com Bruce Sterling.

Gilroy, Paul (1956): Professor do King's College of London, é pesquisador na área de estudos culturais, com especial interesse no tema da cultura negra britânica. É autor de diversas obras, como *There ain't no Black in the Union Jack* (1987), *Small acts* (1993), *The Black Atlantic* (1993), *Darker than blue: On the moral economies of Black Atlantic Culture*. Tendo desenvolvido influentes teorias sobre racismo e cultura, seu nome consta entre os mais citados na área.

Guattari, Félix (1930-1992): Filósofo e psicanalista francês, militante revolucionário, abordou o tema filosófico da subjetividade à luz de questões políticas e sociais da contemporaneidade. Atuando ao lado de Gilles Deleuze, assinou obras como *O anti-Édipo, Mil platôs: Capitalismo e esquizofrenia* (em três volumes) e *O que é a filosofia?*.

Gutenberg, Johannes (1400-1468): Mestre gráfico alemão, foi pioneiro no campo da imprensa gráfica. Dedicou-se à fabricação de caracteres móveis, inventando a tipografia. O primeiro livro impresso por Gutenberg foi a *Bíblia*, com uma tiragem de 180 exemplares.

Habermas, Jürgen (1929): Filósofo e sociólogo alemão, adepto da corrente da Teoria Crítica, é conhecido por suas pesquisas sobre a racionalidade comunicativa. Tendo sido assistente de Theodor W. Adorno, é considerado o principal herdeiro da Escola de Frankfurt. Foi professor das universidades de Heidelberg e de Frankfurt, além de diretor do Instituto Max Planck. É autor de vasta e influente obra na área da filosofia.

Heidegger, Martin (1889-1976): Importante pensador e filósofo do século XX, teve por mestre Edmund Husserl, que o influenciou fortemente. Quando Husserl tornou-se professor na Universidade de

Friburgo, Heidegger foi seu assistente, sucedendo-o posteriormente na cátedra de Filosofia. O conjunto de sua obra, em que *Ser e tempo* ocupa posição central, continua essencial até hoje.

Kerckhove, Derrick de (1944): Doutor em Língua e Literatura Francesa pela Universidade de Toronto e em Sociologia da Arte pela Universidade de Tours, atua como professor e pesquisador em universidades no Canadá, na Itália e em outros países. Trabalhou com Marshall McLuhan por mais de dez anos, como tradutor, assistente e coautor. É autor de várias obras, como *A pele da cultura*, *Connected intelligence* e *The architecture of intelligence*.

Latour, Bruno (1947): Antropólogo, sociólogo e filósofo da ciência, desenvolveu, com alguns parceiros, a Actor Network Theory (teoria ator-rede), a qual, ao analisar a atividade científica, considera tanto os atores humanos como os não humanos (princípio de simetria generalizada). É autor de *Vida de laboratório* – escrito em parceria com o sociólogo inglês Steve Woolgar –, *Jamais fomos modernos*, *Ciência em ação* e *Políticas da natureza*, entre outras obras e artigos científicos.

Levinas, Emmanuel (1906-1995): Filósofo francês de ascendência judaica, vivenciou na pele o ódio do homem contra o homem ao ser capturado e preso por soldados nazistas durante a Segunda Guerra Mundial. Seu pensamento, pautado na fenomenologia existencial, reflete essa experiência histórica. Levinas critica todo o desenvolvimento do discurso ocidental, desde a filosofia grega clássica, percebendo-o como potência geradora de violência e tirania, ou seja, como uma filosofia de dominação.

Lévy, Pierre (1956): Filósofo francês, especialista na cultura virtual contemporânea, é professor do Departamento de Hipermídia da Universidade Paris VIII. Em parceria com Michel Authier, elaborou o conceito de "árvore do conhecimento", que discute as interações entre internet e sociedade.

Lyotard, Jean-François (1924-1998): Filósofo francês de participação notória na discussão sobre a pós-modernidade, é autor de vários livros importantes na área, tais como *A condição pós-moderna*, *O inumano* e *Moralidades pós-modernas*.

Maffesoli, Michel (1944): Sociólogo francês e pesquisador titular da Sorbonne, é um estudioso das questões de nosso tempo. Defende que as elites estão cada vez mais desconectadas da vida cotidiana das pessoas comuns e que já não existe "uma única opinião pública, mas um mosaico de opiniões públicas", fenômeno que pode ser observado na internet. É autor de diversas obras, entre as quais *A conquista do presente*, *O conhecimento comum*, *O tempo das tribos* e *A contemplação do mundo*.

McLuhan, Herbert Marshall (1911-1980): Sociólogo e ensaísta canadense que se dedicou a estudar os meios de comunicação, autodenominando-se "filósofo das comunicações". Para McLuhan, o meio (ou veículo) que transmite a mensagem é mais relevante que seu conteúdo ("o meio é a mensagem"). Por volta dos anos 1960, muito antes da difusão da internet, já afirmava que o mundo se tornaria uma "aldeia global", em que distância e tempo seriam suprimidos. Dentre suas obras, destacam-se: *The medium is the message*, *The Gutenberg Galaxy* e *War and peace in the global village*.

Morin, Edgar [pseudônimo de Edgar Nahoum] (1921): Antropólogo, sociólogo e filósofo francês, judeu de origem sefardita, considerado um dos principais pensadores contemporâneos e teóricos da complexidade, é autor de mais de 30 livros. Sua principal obra, *O método*, constituída por seis volumes, foi escrita durante três décadas e meia.

Nietzsche, Friedrich (1844-1900): Filósofo alemão, elaborou críticas devastadoras sobre as concepções religiosas e éticas da vida, propondo uma reavaliação dos valores humanos. Algumas de suas obras mais conhecidas são *A gaia ciência* (1882), *Assim falou Zaratustra* (1883), *Genealogia da moral* (1887) e *Ecce homo* (1888).

Obama, Barack (1961): Advogado e político nascido no Havaí, foi eleito presidente dos Estados Unidos em 2008 e reeleito em 2012. Graduado em Ciências Políticas pela Universidade de Colúmbia e em Direito pela Universidade de Harvard, é o primeiro afrodescendente a ocupar a presidência norte-americana.

O'Reilly, Tim (1954): Formado em Filologia, seu interesse por tecnologia o levou a fundar a empresa O'Reilly Media. Defensor das ideias de *software* livre e de cultura livre, afirma que sua empresa, mais do que publicar conteúdo ou promover conferências, busca transferir tecnologia, "mudar o mundo divulgando o conhecimento dos inovadores".

Page, Scott E. (?): Graduado e mestre em Matemática, doutorou-se na área de negócios. Deu aulas nas universidades da Califórnia, de Iowa e, atualmente, é professor na Universidade de Michigan e no Instituto Santa Fé. Interessado no papel da diversidade em sistemas complexos, em suas pesquisas busca responder questões relacionadas ao tema (Como emerge a diversidade? Qual seu efeito na produtividade? etc.). É autor das obras: *The difference: How the power of diversity creates better groups, firms, schools, and societies*; *Complex adaptive social systems* (em parceria com John Miller) e *Diversity and complexity*.

Péricles (495-429 a.C.): Líder político ateniense, foi uma das figuras-chave da consolidação do sistema democrático na Grécia Antiga. Célebre orador e grande estrategista militar, foi reeleito anualmente por mais de 30 anos. A influência e as habilidades de Péricles culminaram na Era de Ouro de Atenas.

Peters, John Durham (1958): Professor de Estudos da Comunicação na Universidade de Iowa. Ficou conhecido por sua obra *Speaking into the air: A history of the idea of communication*, na qual apresenta um abrangente panorama do contexto (histórico, cultural, tecnológico etc.) para o estudo da comunicação.

Platão (427-347 a.C.): Um dos principais filósofos gregos da Antiguidade, discípulo de Sócrates, influenciou profundamente a filosofia ocidental. Afirmava que as ideias são o próprio objeto do conhecimento intelectual. O papel da filosofia seria libertar o homem do mundo das aparências para o mundo das essências. Platão escreveu 38 obras; por causa do gênero predominante adotado, elas fizeram-se conhecidas pelo nome coletivo de *Diálogos de Platão*.

Poe, Edgar Allan (1809-1849): Escritor norte-americano, um dos mais importantes nomes da literatura romântica, é conhecido pelos enredos macabros com mistérios desconcertantes. Seus contos "A queda da casa de Usher", "A máscara da morte rubra", "Manuscrito encontrado numa garrafa" e "O corvo" figuram entre as obras mais conhecidas da literatura universal.

Puech, Michel (1960): Filósofo, foi professor na Universidade de Bordeaux e, desde 1992, leciona na Universidade Paris-Sorbonne. É ainda membro do grupo de pesquisa Ética, Tecnologias, Organizações, Sociedade (Etos) da Télécom École de Management, do Instituto Mines-Télécom. Interessa-se pela filosofia da ciência, principalmente no que se refere à tecnologia, e pelas questões relacionadas ao desenvolvimento sustentável.

Rifkin, Jeremy (1945): Palestrante, é autor de obras marcantes, entre as quais estão os títulos *O fim dos empregos*, *O século da biotecnologia*, *A* *economia do hidrogênio* e *A era do acesso.* Neste último, o autor faz uma instigante análise da economia na atualidade, em que discorre sobre a transição que estaríamos vivendo, de uma sociedade que enaltecia a posse para um tempo em que o acesso a bens e serviços é considerado o que há de mais valioso.

Serres, Michel (1930): Filósofo francês, foi professor da Universidade de Stanford e professor visitante na Universidade de São Paulo. Importante pensador sobre questões de nosso tempo, interessa-se por temas ligados a diferentes áreas, entre eles, as novas tecnologias, os recursos colaborativos e as conexões entre mídia e educação. É autor de um grande número de obras, como: *O contrato natural, O terceiro instruído, O mal limpo: Poluir para se apropriar?* e *Polegarzinha.*

Shirky, Clay (1964): Escritor norte-americano, atua também como consultor e professor na área dos efeitos da tecnologia, em particular da internet, sobre a economia e a sociedade. Autor dos livros *Here comes everybody: The power of organizing without organizations* e *Cognitive surplus: How technology makes consumers into collaborators*, escreve artigos para *The New York Times, The Wall Street Journal, Harvard Business Review* e *Wired.*

Snowden, Edward Joseph (1983): Consultor na área de tecnologia, foi funcionário da Agência Central de Inteligência (CIA) e prestou serviços para a Agência de Segurança Nacional (NSA). Tornou-se mundialmente conhecido após divulgar milhares de documentos confidenciais obtidos quando trabalhava para a NSA. Tal vazamento de informações foi considerado por alguns como o mais significativo da história dos Estados Unidos.

Stengers, Isabelle (1949): Filósofa belga, formada em Química pela Universidade Livre de Bruxelas, é autora de livros sobre a Teoria do Caos, alguns dos quais escritos em parceria com Ilya Prigogine. Entre seus interesses estão a história e a filosofia da ciência, além das ideias de Gilles Deleuze, autor que a influenciou em sua trajetória.

Swartz, Aaron Hillel (1986-2013): Programador norte-americano, escritor e net-ativista. Foi um dos fundadores do Reddit e da organização net-ativista Demand Progress. Foi ainda membro do Centro Experimental de Ética da Universidade de Harvard.

Tan, Chade-Meng [Meng] (?): Engenheiro da computação formado pela Universidade Tecnológica de Nanyang, com mestrado pela Universidade da Califórnia, trabalhou no Google. Em 1995 criou um dos primeiros *sites* dedicados ao budismo, e afirma que se considera budista "na maioria dos dias úteis, especialmente às segundas-feiras". Em seu *site* consta como adágio: "A vida é muito importante para ser levada a sério".

Tapscott, Don (1947): Escritor, pesquisador e consultor canadense especializado em estratégias de negócios. Tem particular interesse na área digital, *web 2.0* e geração internet. É autor e coautor de mais de dez livros, tais como *Geração digital: A crescente e irreversível ascensão da geração net*, *Wikinomics: Como a colaboração em massa pode mudar o seu negócio* (em parceria com Anthony D. Williams) e *A empresa transparente: Como a era da transparência revolucionará os negócios* (em parceria com David Ticoll).

Vattimo, Gianni (1936): Graduado em Filosofia, cursou sua especialização em Heidelberg, na Alemanha, quando conheceu Hans-Georg Gadamer. Tornou-se professor de Estética e, posteriormente, de Filosofia na Universidade de Turim. É editor da *Rivista di estetica* e escreve para os jornais *La Repubblica* e *La Stampa*.

Vianna, Hermano (1960): Antropólogo, pesquisador musical e roteirista de televisão brasileiro, é colunista de alguns jornais, além de autor de dois livros. Em 2005 criou o *site* Overmundo – um dos pioneiros da ideia de jornalismo cidadão no Brasil. Em 2007 o *site* foi agraciado com o prêmio Golden Nica, do Prix Ars Electronica, na categoria Comunidades Digitais.

Vinge, Vernor Steffen (1944): Matemático e cientista da computação, foi professor da Universidade Estadual de San Diego, de onde se aposentou em 2002. Tornou-se conhecido por suas obras de ficção científica, entre as quais *A fire upon the deep* (1992).

Virilio, Paul (1932): Filósofo, arquiteto e urbanista francês, é autor de vários livros. Defensor da ideia de que é essencial manter-se afastado de modas e correntes intelectuais, tornou-se um crítico do neoliberalismo, da globalização e das tecnologias em todas as suas formas, do ciberespaço à automação.

Viveiros de Castro, Eduardo (1951): Antropólogo brasileiro, lecionou em algumas universidades de outros países e, atualmente, é professor no Museu Nacional da Universidade Federal do Rio de Janeiro, instituição em que cursou o mestrado e o doutorado. Publicou diversos livros, como *Araweté: Os deuses canibais* e *A inconstância da alma selvagem e outros ensaios de antropologia*.

Weber, Max (1864-1920): Sociólogo alemão, defendia a busca da neutralidade científica na vida acadêmica. Realizou amplos estudos de história comparativa e foi um dos autores mais influentes no estudo do capitalismo e da burocracia. Entre outras obras, é autor de *A ética protestante e o espírito do capitalismo* (1905) e *Economia e sociedade*, publicada postumamente, em 1922.

Wolton, Dominique (1947): Doutor em Sociologia, é coordenador de pesquisas em ciências da comunicação do Centre National de la Recherche Scientifique. Considerado um dos grandes nomes nas áreas de comunicação e política, é editor da revista científica *Hermès*, além de escrever para os jornais *Le Monde* e *Libération*.

Zacchi, José Marcelo (?): É diretor da Associação Casa Fluminense, pesquisador-associado do Instituto de Estudos do Trabalho e Sociedade. Foi diretor do Instituto Pereira Passos e fundador do Fórum Brasileiro de Segurança Pública e do Instituto Sou da Paz.

Especificações técnicas
Fonte: Adobe Garamond Pro 12,5 p
Entrelinha: 18,3 p
Papel (miolo): Chambril Avena 90 g
Papel (capa): Supremo 250 g
Impressão e acabamento: Paym